河出文庫

私、ホント
食いしん坊なんです

高峰秀子

河出書房新社

私、ホント食いしん坊なんです ◉ 目次

＊和洋、あの店この味！

私、ホント食いしん坊なんです

私の手料理　リンゴ汁のカレー

＊わたしの手料理

……私は、元々板前さんが好きです。特に、外でお寿しなど頂く時、調理台の向こうで、生きたえびやきれいな貝などを、次々に握る白い割烹着《かっぽうぎ》の職人さんの清潔でよく動く手先を見ていると、私も女優なんかやめてお寿しやさんになっちゃおうかなアなんて思っちゃいます。

……シュークリーム、サンドイッチなどをつくるのも得意です。

私の造り方は、何々を幾グラムとか茶匙《ちゃさじ》に何杯とかいうんじゃないんです。造りながらお鍋の蓋をとってペロリとなめて味つけをします。

……鳥屋さんから鶏《にわとり》の骨を分けて貰ってグダグダになるまで煮つめて、スープをつくっておきます。カレー粉は西洋鍋《フライパン》で焙《い》るようにしてこがします。このカレーとメリケン粉をまぜてリンゴの汁で溶《と》くんです。

リンゴの汁は、リンゴをおろし鈑《がね》でおろして、ガーゼで漉《こ》すのです。

……あとは、じゃがいもとか人蔘《にんじん》とか好きな野菜を入れて塩を入れて味つけしてやわらかくなったところへ牛肉を入れて適当なところでおろします。

……リンゴ汁でカレー粉とメリケン粉をとくところが秘訣です。でもこれは私の発明じゃないんです。どっかで教わったんです。私も普通のお嬢さんのように、お台所のお手伝いをしたいんですけど、仲々そのひまがありません。（『平凡』一九五一年六月号）

＊わたしの手料理

オサンドンと口述筆記のアパート住まい

月日の経つのは早いもので、私たちが結婚してから、二十五年の銀婚式も、もうすぎた。結婚後一年経った頃、夫・ドッコイが腎臓結核を患い、医師に座業を禁じられて、以来、私が口述筆記を引き受けるようになった。

私たち夫婦は、一般の夫婦よりは一緒に居る時間が多く、旅行もほとんど一緒だが、これは特に夫婦仲が良いというわけではなくて、夫が私を連れ歩くのは、つまり筆記のための巨大な鉛筆をたずさえている、ことに他ならない。ただしこの鉛筆、ものも食べれば文句も言うから、ただおとなしくコキ使われてばかりはいない。ときには「美味いもン食わせろ」と居直ったり、「口述筆記料よこせ」とイビったりするが、「次の口述、ハワイでやるか?」と言われるとイチコロで、スーツケースに鉛筆と鉛筆けずり、辞書などを入れてイソイソと夫のあとに従うことになる。なんというココロザシ低き女か、と情けないけれど、私はハワイに惚れていて何度でも行きたいのだからしかたがない。しかし、どんなに素敵なハワイでも、一ヵ月の長逗留ともなるとホテル住まいはゆきづまってくる。というよりも、浮かれっ放しの「ワイキキ」ばなれがはじまる、ということかもしれない。

だから、夫が「こんなにチョイチョイとハワイへ来るなら、いっそアパートでも借りようか」と言ったときには思わず「バンザーイ」と叫んで、双手を挙げて賛成した。ショッピングセンターにもビーチにも近い真っ白くてカッコいいアパートの、2LDKの角部屋をみつけ、アッチャコッチャと走りまわって、備えつけのソファを張りかえ、カーペットを新調し、電気掃除機からトースター、バケツからカメノコだわしに至るまで、こまごまとした日用品を買い狂い「やれ、やれ」と一息ついたら、どうも様子がおかしい。めったやたらと主婦（つまり私）の仕事が増えてくたびれちまったのである。

ホテル住まいなら口述筆記だけしていればよかったけれど、いくら小さいとはいえ一軒の住居となると掃除、アイロンかけ、シーツやタオルの交換からゴミ捨て、かてて加えて「食事の支度」という最も時間のかかる仕事がドカン！　と増えてしまったからだ。どうやら夫・ドッコイは、「ハワイくんだりまで通うなら、口述筆記のついでに料理もさせよう」というコンタンでアパートを借りる気になったらしいのである。

これだから男は、信ずる夫といえども油断がならない。

「ひっかかった！」と思ったときは時、既に遅かった。根が美味いもン好きの私である。レストランでステーキの焼きかたに失望すると、次の日はマーケットの肉売場をウロついてうまそうな肉をえらび、自分でステーキを焼いてみなければ気がすまず、レストランや市販のサラダドレッシングが、もうひとつ気に入らないと、自分でチョコチョコと作るようになる。

マーケットには、世界中で一番美味しい野菜ではないかと思われる「マノアレタス」という私の好物がある。文字通り、以前はマノアで作られていたというレタスだが、肉が厚くてやわらかく、水分が多くて、サクサクとした歯ざわりが何ともいえず、私のためしたレタスの中では図ぬけて美味しい。葉がモロイのと値が張るので、レストランのサラダには使われないのが残念だ。

クレソンもまた美味しい。日本の黒っぽく固いクレソンとはちがって、ハワイのクレソンは長さが三十センチもあって、色は鮮やかなグリーンでやわらかい。サラダの他に、おひたし、胡麻あえ、味噌汁の実、と、なんでもいける。近ごろでは、東京のマーケットにも見かけるようになったけれど、「アルファルファ・スプロート」という、モヤシの孫みたいな野菜も、ちょっと、あお臭いけれどサンドイッチにはさんだり、サラダに入れるとなかなか美味しい。

アルファルファの日本名は「ムラサキウマゴヤシ」で、はるか明治のころに牧畜の飼料として輸入されて、北海道でも作られているけれど、もとは中央アジアが原産だそうな。ビタミンも多く、繊維質が人体によろしいとのことで、最近は人間サマが牛のピンハネに忙しいらしい。

ヘンにデップリとまるまっちくてブカブカのキュウリだけはいただけないけれど、その他の野菜はたいてい美味しく、ハスやゴボウも最近ではハワイ産のものが売られている。

マーケットで売られているお米はたいていカリフォルニヤ米で、「鶴米」「日の出」「国宝」「こけしじるし」「ローズじるし」そして「ロングライス」「ワイルド・ピカン・ライス」と種類も多い。私が愛用しているのは「鶴米」と「国宝」で、このふたつが最も日本の米の味に近いと思う。

「ハワイの豆腐と納豆は美味しいのョ」なんて言うと、日本の人は「ヒエーッ？」と驚くかもしれないけれど、ハワイの豆腐はたしかに美味しい。絹ごしでもちゃんと箸でつまめるほどしっかりとしているし、木綿ごしに至ってはガブッと嚙めるくらいに固くって、ちゃーんと大豆の匂いがする。そして大きさは日本の豆腐の倍以上もあって、値段は一ドルとちょっぴりだ。

（単行本原題『旅は道づれアロハ・オエ』一九八二年）

ハワイのおせち料理

私には、子供のころの「楽しいお正月」の思い出は皆無である。

なぜなら、私は五歳の子役のころから毎年、地方の映画館でのご挨拶まわりのために、大晦日の夜には必ずつきそいの母と一緒に夜汽車にゆられていたからで、お正月というものはただ忙しくてくたびれることなんだ、と、子供心にも承知していたものだった。

だから、わが家でのお雑煮の味やおせち料理の味にもまったくエンがなかった。

三十歳で結婚したとき、夫のために、生まれてはじめて自分の手でたどたどしくお雑煮なるものを作ってはみたけれど、おせち料理は一度も作ったことがない。夫婦ともに、おせち料理にはあまり興味がないから、というのがその理由である。大晦日前から準備をして、黒豆を煮、昆布巻きを作り、きんとんを練りあげ、数の子、カマボコ、ゴマメなどをお重に詰めておいて、年賀のお客さまに備えるのは、日ごろ忙しい主婦が、せめてお正月の三が日くらいは台所に立たないため、とかいうけれど、三日間も同じ重箱を開けたりしめたりして食べ続けるなんて考えただけでもウンザリするし、おせち料理の中には残念ながら私の好物はひとつもない。

日曜祭日の休みもなく、年中だらしなく忙しい私たちは、せめてお正月くらいは徹底的に怠けてすごしたい。だからお正月中は門を閉めきって、一日中寝巻きでゴロゴロし、気が向いたときにとつぜんスキヤキなどをカッ喰う、というスタイルのほうがありがたいので、ますますおせち料理とは縁遠くなるばかりであった。

結婚後、三、四年経ったころだったろうか、偶然にパリでお正月をすごしたことがあった。元旦の朝、ホテルの外へ出てみると、文字どおり人ッ子ひとりいない、ひっそりと静かなパリがあった。私たちは澄みきったパリの空気を吸いながら、ゆっくりと散歩を楽しみ、夜はちょっと張りこんで豪華なフランス料理を楽しんだ。

異国のお正月にすっかり味をしめた私たち夫婦は、つぎの年のお正月を香港で迎えた。大晦日の夜は友人たちとナイトクラブにいたが、十二時のチャイムと共に場内のライトが一斉に消えて真っ暗闇になり、この瞬間だけはどこの誰にキスをしても許されるとのことで、場内は笑い声と女性の嬌声で賑やかだった。広東料理にもお正月用の特別メニューが加えられていて、これも楽しかった。

ハワイのホノルルで、はじめてお正月をすごしたのは昭和三十六年だった。大晦日の夕方から、中国人やハワイアンがうちあげる爆竹とネズミ花火の音が耳をつんざき、十二時にはピークに達して、えんえん元旦の夜明けまで続いたのにはビックリした。

ハワイ――正月――爆竹、というイメージはなんとなく結びつかないけれど、中国人は大晦日になると、百ドル、二百ドルと大量に花火を買いこむそうである。

中国人が爆竹にこだわるように、日系人はお正月のおせち料理にこだわるらしい。

年末になると、マーケットには紅白のカマボコや煮しめ用のクワイやゴボウなどがどっと入荷されて、日系人は買出しに大わらわである。おせち料理一式を料理店に注文する人も多いから、仕出し屋さんや日本料理店も、おせち作りに忙しい。

いまから約百年前に、広島、熊本などからハワイへ移民した日系人の一世は、百歳をこえた少数の人がなお健在だけれど、現在はもう二世、三世の時代になっている。

日系人といっても日本語が通じるのは三世のはじめまでで、二十歳前後の三世、四世となると、顔は日本人でもまったくのアメリカ人だから、言葉は英語だし、食べものも、おじいちゃんとおばあちゃんはおせち料理と雑煮。お父さんとお母さんはおすしと日本茶。お兄さんとお姉さんはステーキとコーヒー。弟や妹はハンバーガーとミルク。というように微妙に違っている。ハワイにおけるおせち料理も、やがては「日本への郷愁のシンボル」として、ただ眺められる存在になっていくのかもしれない。

ハワイには、アメリカ人、日本人、中国人、韓国人、ポルトガル人、フィリピン人、ベトナム人、そしてハワイアン、と、さまざまな人たちが住んでいるから、大きなビュッフェ・パーティーとなると、メニューはたいそう賑やかなことになる。

まず、メーンの肉類は、ロースト・ビーフとロースト・ポーク。フライド・チキンとマヒマヒ（しいら）がそれに続き、つけあわせはグリーンピースやにんじんに、必ず御飯が続いている。サラダはアメリカ風に加えて、モヤシやクワイの入った中国風や、オゴ（海草）やタコなどを酢であえたハワイアン風。アメリカ風のピラフのとなりには、日本の巻きずしやカマボコやさしみが並び、パンもアメリカ風とポルトガル風の二種類で、デザートは少なくとも五、六種類は揃っている、という忙しさである。さしみの大皿のそばに、とき辛子と醤油をまぜ合わせたソース？　がそえられているのが、いかにもハワイのオリジナルらしくておもしろい。

何度かホノルルでお正月をすごしたけれど、ところ変わればなんとやらで、暮らしてみればみるほど、つくづくと、食べものと風土の微妙な関係を考えさせられる。

たとえば、ハワイの気候と味噌汁はまったく合わないし、いくら暑いといっても、なぜか「そうめん」や「ひやむぎ」は、あっさりしすぎて、食欲が湧かない。

ホノルルで迎える元旦、といっても、わが家の食卓には、夫の好物の数の子が二、三片と、日本から持参する吉澤屋の黒豆が小鉢にチョンボリ。あとは、切手ほどのお餅が浮いた、かたちばかりのお雑煮がそえられるだけで、とても、おせち料理などといえるものではない。二日からは早々に、オレンジ・ジュースとベーコン・エッグ、トーストとコーヒーという朝食に戻って、なぜかホッとしたりする。

日本人のくせに、お正月のしきたりもふまぬとはけしからん、と、叱られるかもしれないけれど、おせち料理はやはり、子供のころの習慣への郷愁ではないのか？　と、私はおもう。

これから先もたぶん、私はおせち料理とはエンがないだろうし、第一、お正月というものも、もはやこのトシになっては、「楽しい」なんてものではなく、また一歳、「婆ァ」になるための、憎っくき区切り、というほかのなにものでもない。

（『銀座百点』一九八三年一月号）

出口入口

ところはハワイ州、ホノルル市。空港とワイキキの中間にある「アラモアナ・ショッピングセンター」は、三百余の店舗を擁する一大モールである。その中に、ご存知ハンバーガーの「マクドナルド」の店がある。

八月のある朝、私は、「ノースモーキング」と書かれたガラス戸を押して、スイと店内に滑り込んだ。私はこの店のフィレオフィッシュバーガーのファンで、よく来るけれど、今日の目的はちょっと違う。

朝食時間がすぎたせいか、店内には人影もまばらである。私はグルリと店内をひとまわりし、サーヴィスカウンターに手をのばして、三、四本のストローをちょろまかして外へ出た。

マーケットへ行けばストローを売っていることくらいは私も知っている。だが、マーケットのストローは細い。マクドナルドのストローはなぜか紙巻きタバコほどに太いのだ。私にとって、なにゆえに、その太いストローが必要なのか。

一昨年、軽い脳梗塞を患ったわが戦友・松山善三は、月に一度の定期検診と歯科医のチェックだけは欠かさない。その結果、「脳はフガフガ、心臓パタパタだけど、歯だけはシッカリだ」と豪語していた。

だが、その矢先、かかりつけの歯科医先生が病気になってしまった。妙なもので、たいていの人は歯科医だけは自分のお医者様が最高だと信じているらしく、戦友も他の歯科医を探すでもなくウロウロしているうちに、歯痛が起ったらしく、病状は限界に達した様子であった。こっそりと抗生物質などで痛みをゴマ化しているらしいけれど、歯痛というものはゴマ化そうとしてもおいそれとゴマ化せるものではない。古女房の観察によれば、「マグニチュード4、強震」というところである。

今年のホノルルの夏はひどく暑かった。温度の上下に抵抗力がなくなるのは年齢のせいで当然とはいうものの、それにしてもわが戦友、夫・ドッコイは元気がない。エエカッコシイの人だからツベコベガタガタ言わないけれど、相変わらず抗生物質と睡眠薬のお世話になっているらしい。口の中の震度4のせいだろう。

「東京と違ってたっぷり時間があるんだからサ。この際一度、歯科医に診てもらったらどうかしら？　歯肉癌なんてオッカナイ病気だってあるんですぜ。ホラ、以前に二人とも診て頂いたドクター・クリバヤシ、優しい先生だったわねぇ。そうしましょう、そうしましょう」

てなこと言って、私はある朝ようやく戦友を歯科医院に送り出した。

やがて、ルルルと電話のベルが鳴った。

「モシモシ」

「ハイハイ」

「大変です。大変なことになりました」

「どうしたのサ?」

「ドクター・クリバヤシがね、これは歯ではなくて、歯ぐきの病気だって」

「それで?」

「歯ぐきのお医者にまわされることになった」

「歯ぐきのお医者?」

「そう。知ってるだろう? ドクター・アムー」

「ゲエーッ!」

私は受話器を持ったままのけぞった。

八年ほど前、私はドクター・アムーの診療所に二週間ほど通ったことがある。

アメリカの歯科は分業システムで、歯科医の他に、歯ぐき専門、神経抜き専門、と細かくわかれている。歯科医は、歯の治療はするが、歯ぐきには一切タッチしない。私もドクター・クリバヤシの紹介で中国人医師、ドクター・アムー先生の治療を受けたのだが、あぁ、思い出すだけでも頬っぺたがひきつりそうになるほど痛かった、あの「ディープクリーン」。

「ディープクリーン」とは、先が鎌のように湾曲した鋭利なピンセットを歯根の奥まで突っこんで、徹底的に歯垢をこそぎ取る治療で、ガリガリ、ゴリゴリ、ギギギギ……こうなるともはや、治療というよりは旋盤工場にでもまぎれ込んだとあきらめるよりしかたがない。しかし、この荒療治のあとは、歯肉と歯がぴったりと密着して、なんとなくグラついていた歯がしっかりすることは確かである。

「あの、鬼のアムー奴《め》、今度は戦友を旋盤にかける気か……」とガックリしているうちに、早くも予約日がきて、戦友はドクター・クリバヤシが撮影した十四枚のレントゲン写真を持って、アムー先生の診療所へと出かけていった。

「モシモシ」

「ハイ。どうでした？」

「上の奥歯三本に、ポケットが出来ているから手術だって」

「ポケット？」

「三本の歯の両側を切開して、ポケットをふさいで、また縫い合わせるんだって」

「なんだか、洋服屋みたいだね」

「ドクター・アムーが、ミセス・マツヤマによろしくって」

「そんなことどうでもいいけど、でも、大ごとだねぇ」

「あぁ、大ごとだ」

目玉の裏にキノコを生やしたり、歯の根にポケットを作ったり、と、ロクなものを作らない夫だが、口の中の手術ときては当分食事も不自由になる。さて、何を食べさせたらいいものか……と、私は早くも頭をかかえた。

夫・ドッコイはもともと優しい男性《ひと》ではある。が、年をとるにつれて、年々優しくなってゆく。その夫がある日私に優しく言った。

「お前、身体大事にしてくれよネ、お前に先に死なれると、ボク困るんだ」

「どうして？」

「だって、その日からボク、喰うものに困るじゃないか」

ずいぶん優しいことを言ってくれる、と思いきや、なんのこっちゃい、である。しかし、それほどまでに喰べものに情熱を持っている夫、手術のあとだからといって、おかゆとくず湯ではあまりに曲《きょく》がない。とてもボケてなんぞいられない。ガンバラナクチャ、である。

一時間かかって、手術は終わった。手術に当たってもアメリカのシステムは実に合理的である。まず手術の前に、「手術中にいかなる事態が起ころうと、異議は申し立てません」というペーパーに当人がサインをする。次に（夫の場合）「三本の歯の手術料、八百ドル」という見積書（?·）にOKを出す。用意万端整った上で、はじめて「手術」という段階に及ぶのである。

手術後、鎮痛剤と、十二時間おきに飲む抗生物質の処方箋を受け取り、ビルの一階にある薬局でその薬を買って、ハイ、お終《しま》い、である。次の予約《チエツク》は五日後だ。帰りがけに渡されたペーパーには、「熱いもの、辛いもの、冷たいものは避けること。噛まなくてもよい流動食のみにすること」とあって、さて、いよいよ私の出番となった。

夫・ドッコイは好き嫌いが多い。流動食となると日本人のイメージとしてすぐ柔らかい「豆腐」が浮かぶが、彼は「白あえ」「ゴマあえ」「酢みそあえ」などの和えものは一切食さない。梅干をはじめ、漬物と名のつくものにはソッポを向き、マヨネーズはイヤ、さつまあげはダメ、里芋はキライ。

手術当日の夜はとりあえず、お吸い物と豆腐とヨーグルト、ということにした。「吸い物」は、東京から持参した小豆島の手延べそうめんを二ミリほどにくだく。やわらかく茹でてから、昆布と鰹節の出汁《だし》をとり、酒と薄口しょう油で味を整えた出汁でまた煮こむ。それを椀に半分ほど盛り、上から半熟卵を雲のように流した。

吸い物が口中に散らぬよう、ここでマクドナルドのストローをそえる。そして「豆腐のおひたし」は、絹ごし豆腐をヤッコに切り、さらに五ミリほどにスライスする。一晩水に漬けておいたたっぷり出汁の出た椎茸をしぼって取り除き、椎茸の汁に、酒、薄口しょう油、塩で味をつけて少し煮つめる。豆腐を椀に盛った上に、椎茸汁をかけて一時間ほど置いてから、スプーンをそえた。

（これも混ぜればストローでいける）

いやいやではあったろうが、戦友がのどに流し込んでくれたので、私は翌日からマーケットを駆けずりまわっては、自己流の流動食を作りつづけた。歯はダメだがからだはピンピンしていてお腹も空くという病人だから、嬉しいような、始末が悪いような、なんとも複雑な気持ちであった。

こうなったらもう、やがて私たちの将来の食事になる「老人食」のリハーサルだと覚悟をきめるよりしかたがないだろう。

読者のご家族の中には、こういうケースの病人も、あるいは……と思い、少しメニューを書いてみる。

■野菜スープ

玉ネギ、にんじん、ピーマン、じゃがいも、セロリなどを、米粒ほどに刻み、チキンスープでコトコトと煮こむ。だし取り用の袋に、ベイリーフ、オレガノ、エストラゴン、タイム、ブラックペパーなど、好みの香辛料を入れて、煮出したら引きあげる。野菜がくずれるくらい柔らかくなったら、酒と塩で味をつけてお終《しま》い。ベーコンかハムを入れて、味が出たら引きあげるのもよい。多めに作っておくと、洋風おじやにも利用できて便利です。

■合の子卵

茶碗蒸しと卵豆腐の中間くらいの柔らかさにするため、卵二個と、卵の二倍の出汁を混ぜて蒸しあげる。その上に、少し濃いめの八方出汁におろし柚子を混ぜて、たっぷりとかける。これも、かきまわせばストローでのめます。

■ピータン粥

冷やご飯をチキンスープでトロトロに煮こむ。八角を入れて、香りがついたら引きあげる。ピータンを刻んで入れ、少し煮たら長ねぎのみじんとおろしショウガを入れて火をとめる。調味料は、五香塩だけ。

■冬瓜《とうがん》のくずひき

冬瓜を三センチ角に切り、一度茹でてから、出汁ですき通るまで煮る。酒、薄口しょう油で味をつけ、水ときのくずでトロ味をつけて椀に盛る。おろしショウガを天盛りにする。

■メキシコ風オムレツ

ボールに卵を二個割り入れ、タバスコ、レッドペパー、パプリカを入れ、塩、胡椒で味をつける。色どりに、あさつきかパセリのみじんをパラリと入れてかきまわす。フライパンにたっぷりのバターをとかして熱し、卵を一気に入れる。まわりがブツブツと煮え上がったら、箸で大まかにグルグルとかきまぜて、すぐ皿に移す。形などにこだわらず、ただ、ただ柔らかく仕上げること。オレンジ色のオムレツで、ピリリと辛いところが一風変わっていて美味しいです。

■フレンチトースト

一人前として、ボールに卵一個、カップ二杯の牛乳、砂糖少々を入れてときほぐす。厚切りの食パン一枚を入れてやわらかくなるまで放っておく。フライパンにたっぷりのバターをとかし、パンを入れて焦げめをつけてから、ボールに残った牛乳を入れる。トロトロにするためにさらに少しずつ牛乳を足して、フウワリとなったら皿にとってパウダーシュガーを振りかける。シナモンの粉を混ぜても美味しい。

お箸でも喰べられます。

■タピオカ

中国料理材料店に売っている中位の粒のタピオカを鍋に入れ、二、三回洗うようにして水を替え、たっぷりの水にひと晩つけておく。
中火で煮て、氷砂糖を入れ、すき透ってきたら鍋の底につかないように木ヘラでゆっくりかきまわしながら水を加えてゆき、透明になったらヴァニラエッセンスをチョロリとたらす。牛乳を入れてちょっと煮る。タピオカは、中国、タイ料理のデザートに使うが、ドイツの病院では、小粒のタピオカを水で煮て、牛乳と砂糖を加えて、オートミールのようにして患者に出す。スープスプーンをそえます。

こうして書きならべてみると、どれも簡単な料理ばかりだけれど、流動食を作るのは意外と時間がかかり、面倒なものだ、ということがよく分かった。夫の場合は口中の片側にしか食べものを入れられないので、マクドナルドの太いストローは実に役立った。

五日目のチェックで、切開部分をおおってあったチュウインガム様のカバーをとりかえ、さらに五日後にはカバーが外されて、経過は良好のようである。まずはメデタシ、と、夫は久し振りにビールのコップを、私は水割りのグラスを挙げた。快気祝い、というよりも、三本の歯の「再生工事」の完成祝賀会、というところである。

祝膳メニューが「つぶしアボカドのフレンチドレッシング和え」「山芋のすり流し」「豚足の煮込み」ではあまり冴えないがしかたがない。

雑文書きの仕事と読書の時間を割いて、一日平均三時間は台所につっ立ってスープ鍋をにらんでいる私を「見るに見兼ねる」と、夫は毎晩、三十分ほど私の足先をマッサージしてくれた。台所のあと片づけを終え、ベッドに足を投げ出して、私は太平楽をきめこむ。持つべきものは戦友だ。

「この次ホノルルに来たら、あとの歯のディープクリーンをするって、ドクター・アムーが言っていた」

「痛いけど、しかたないか」

「美味いもののためにはね」

「そろそろ、病気も品切れですね」

「もうひとつあるよ、大手術が」

「えーっ？　今度はどこの大手術？」

「ジですよ、ジ。お尻の痔」

「――」

「今の内にやっとかないとサ、寝たきり老人になったときにカッコ悪いもの」

寝たきり老人になってもオシャレでいたいなんて……まあ、心がけとしては悪くないけど御苦労サマなことである。

しかし、考えてみれば、人間の口とお尻は密接な関係にある。入り口の補修が終わったら、出口の修繕もしておくのは理の当然というべきかもしれない。

（「善三さんのごはん」改題、『暮しの手帖』一九八九年十二月号）

深夜の酒盛り

私は、結婚をするときには是非「大金持ち」の男性と結婚したい、と思っていた。女優という職業はあまり太ると「女優」の上に「喜劇」という二字がくっつけられる役まわりとなり、二枚目女優（？）でいるためには常にスッキリと痩せていなければならない。食べたいものも食べられず、満腹感とも無縁の人で、食いしんぼうの私は年がら年中、欲求不満だったのである。だから、女優をやめて結婚するからには何がなんでも「大金持ち」と結婚して、食って食って食い狂って百貫デブになってやろうと思っていたのである。上等で美味い食べ物は高価だから、ちょっとやそっとの金持ちでは間に合わない。「億万長者」ってのが理想的だなア、と思っていた。

しかし、世の中は全くうまくゆかないものなので、私はチョロリと或る青年に惚れてしまったのである。その青年は松山善三という名前で、木下恵介監督の助監督、木下先生に言わせれば「頭脳明晰、前途有望」とタイコ判を押すそうだけれど、この人、金持ちどころか月給は一万三千五百円ポッキリで、貯金なんぞは一銭もなく、あるのはリヤカー一杯ほどの古本だけだというのだから、夢も希望もありゃしない。私の食いまくり願望はあえなく昇天してしまった。おまけに結婚してみたらこのヤロウが私を上まわる食いしんぼうだったから私は驚いた。「月給日には五目ラーメンを食べるのが唯一の楽しみで……」なんて言っていたのはマッカな嘘で、貧乏男のくせにひどく舌が贅沢に出来ていて、美味しいモンしか食べない。「子供の頃は身体が弱かったので、千葉に住んでいるおばァちゃんに預けられていた」とかで、どうやらベタベタに甘やかされて育ったためらしい。好き嫌いがはげしく、漬け物類はいっさい受けつけず、海辺育ちのせいかおばァちゃんのせいか知らないけれど、魚の鮮度にはとくにうるさいときていてゴマ化しがきかない。これでは食いつぶされるのは私のほうかもネ、と、私は観念した。

宵っぱりで朝寝坊のわが家の食事は四回である。朝は三分卵とミルクコーヒーくらいで簡単にすます。昼食は、「おなかが張ると仕事が出来ない」そうで、煮こみうどん、松の実のお粥、お雑煮、クロックムッシュとスープなど。夕食はたっぷりのご馳走が並ぶけれど「夜業にさしつかえるから」と、お米は食べない。そして十二時ごろに書斎から引きあげてきてからいよいよ一日のしめくくりの深夜の酒盛りがはじまる。この時間が夫・ドッコイのいちばんリラックスするときなので、ナイトキャップなんてことでは済まず、老妻は刺身を切ったりお燗をつけたりでなかなかに忙しい。

私はどちらかといえば「西洋料理」が好きである。が、夫・ドッコイは西洋料理よりは中国料理、中国料理より日本料理の、それも「魚料理」に情熱をかたむけているから一年三百六十五日、魚さえ食べさせておけば文句を言わない。彼は今年五十六歳の丑年だけれど、実は猫年なのではないかとおもうほどである。

今日の「お酒の肴」は、夜中用のレパートリーの中から選んだけれど、こうして並べてみると、やはり、魚好きの夫・ドッコイ向きのメニューになってしまった。写真を撮るのでちょっといいカッコをしたので材料は金めだが、常時こんなものを食べていてはわが家の経済は成り立ってゆかない。ほんとうのことをいうと、たいていはワサビづけとかキンピラゴボウ、コンニャクの炒め煮、冷や奴など、金も手もかからないもので間に合わせている。金も手もかからないものを如何にして一見、美味そうにゴマ化すか、というと、馬子にも衣裳とやらで「器」に贅沢をすることより他にはない、と、私は思っている。例えチクワの輪切りひとつでも古伊万里か李朝の小皿に盛りつけるとグンと見ばえがするものである。なあんて生イキを言ってはみたものの、実は、怠け女房の私が考えた「手ヌキ方法」に他ならない。

○細ぎりにしたひらめと昆布の細切りをまぜた一品。ポンズと酒に醬油をたらした

ツケ汁とわさびをそえる
器は李朝青磁
○台北「伍中行」のからすみ
いくらのおろしユズまぶし
ふきのとう
エシャロット
器は菓子皿
○新このこ　すだち酢
器は李朝盃
○あんこうの肝の酒蒸しに、ケチャップとタバスコソース、ホースラディッシュを
まぜた辛いソースをかけ、あさつきを散らす
器は李朝

（『茶道の研究』一九八一年五月号）

卵・三題

私の生母は、北海道の函館で亡くなった。私を産んですぐに結核に罹って長く入院していたから、私は母にダッコされた記憶もないし、母の面影すらよく覚えていない。三、四歳のころ、ときどき婆《ばあ》やに連れられて母の病室を訪ねると、いつも窓ぎわに生卵の入った籠が置かれていた。結核は、なによりも滋養をとって安静にしていなければならない、「金喰い病」などといわれた病気だから、昭和のはじめ当時には贅沢で貴重品とされていた卵は、母の命の糧ともいえる栄養源だったのだろう。

私の顔を見ると、母は必ず私に生卵を一個くれた。私は卵の上下に小さな穴をあけてもらって、ちゅうちゅう、と卵を吸った。中味のなくなった卵は掌から飛び立ちそうに軽くなり、私は両手でそうっと空の卵を包んだ。母はベッドの中からニッコリとして私を瞠《みつ》めていたが、私の肩は婆やの手で押さえられていて、母に近づくことは許されなかった。幼かった私が母のいる病院へ行く楽しみは、母に会えることよりも、大好きな卵を食べられる、ということだった。

四歳のお終《しま》いごろに母が亡くなって、養母の手に移った私を、養母はメリーミルクの缶詰と卵で育ててくれた。杯のように小さな茶碗に炊きたてのアツアツごはんが盛られ、その上にポンと卵の黄身だけのせてくれるのを箸でまぜると、みるみる内に卵が煮えて半熟になって黄色い卵ごはんになる。私はそのごはんを猫のようにピチャピチャと舌でなめた。ほんとうに、美味しかった。

その養母も、もう此の世にはいない。

結婚直後の春だった。私たち夫婦はアメリカへ旅行をした。あれはたしかロサンゼルスの空港の食堂だったとおもう。なぜ朝食をとったのかは忘れたけれど、私たちは「ソフトボイルドエッグ」を注文した。卵を運んで来たのは、みるからに優しげなおばさんウエートレスだった。卵は一人前が二個で、卵を割り入れるコーヒーカップがそえられていた。私たちは行儀よく膝に手を置いて、おばさんが立ち去るのを待っていた。おばさんはチラリと私たちを見ると、優しい笑顔になってついと私のスプーンを取り、コツコツと卵の頭を叩いた。要領のいい手つきで四個の卵がつぎつぎと割られて黄身と白身が二つのカップに納まるのを、私は黙って子供のように瞠めていたが、「まるで、優しいお母さんみたいだな」と思った瞬間に、なぜか涙がこぼれそうになった。あのおばさんウエートレスは、日本人の私たちが半熟卵の食べかたを知らないと思ったのだろうか？　それとも、日本人は若くみられるから、行儀のいい兄妹とでも思ったのだろうか？　私にはわからない。どちらにしても、あの無言の親切は、いまだに私の胸の中で光っている。

ドアにノックがあり、「お早うございます」というお手伝いの明るい声と一緒に、朝食のお盆が運ばれてくる。仕事柄、夜の遅い私たちの朝食はベッドの中である。お盆はひとつで、お盆の上には果汁のコップがふたつとカフェオレのモーニングカップがふたつ、夫用のバターつきトースト半枚と蜂蜜とマーマレード、そして半熟卵が三個載っていて、お盆は私たちのベッドの間にあるサイドテーブルの上に置かれる。老眼鏡をかけて新聞を読んでいる夫の片手がのびて、果汁の入ったコップを取り上げる。冬の間はミカンが安いのでミカンのジュース。夏になると缶詰のトマトジュースに一山いくらのトマトが刻みこまれ、少量のウスターソースとタバスコソースを落としたトマトジュースに変わるのが、いつの間にかわが家の習慣になった。

私は卵の皿とカップをベッドの上に置いて、夫のために二個の半熟卵の殻を割ってカップに入れる作業に専念する。これも長い習慣であり、残りの一個が私の朝食なのもまた長い習慣である。

卵の殻は、ある日は白く、ある日は茶色く、大きかったり、小さかったり、丸かったり、細面だったり、と、いつも微妙に違う顔をしているし、卵の茹でかたも、卵の大きさやお湯の温度、時間、と、お手伝いさんのちょっとした手かげんで、ダラッとゆるすぎたり、トロリと工合がよかったり、茹で卵になったりする。茹で卵になっているときはツルリと殻をむいて塩と胡椒をまぶしてから、「ハイ、今日は遠足です」と言って夫に手渡す。これも十年一日、同じ台詞《セリフ》である。

私、卵割る人、夫、黙って食べる人……。結婚以来、こうやって私は夫のために、いったい幾つの卵を割ったことになるのだろうか。過ぎ去った、三十年という歳月が、急にズッシリとした重さで私に迫ってくるようで、私はいささか呆然となりながら、それでも相も変わらず、毎朝、卵を割り続けている。

（『小説新潮』一九八三年二月号）

眼から芽が出た

婦人雑誌を開けば、今日もグラビア頁は料理とファッションの花盛りである。とくに料理のカラー写真は、こよなく豪華で高価《たか》そうで、思わず溜息が出る。が、これらの料理を、いったい何人の人が実際に作ったり味わったりするのだろう？「あーら、ステキ、美味しそう！」と、御馳走を眼で食べて、使うアテもないスパイスの名などを一つ二つ暗記して、あとは、「えーと、今夜はやはり、ほうれん草のおひたしとカレーライスにしましょ」なんてのが現実というところだろう。わが家とてまた同様、グルメブーム、どこ吹く風である。

そこで、「カレーライス」の話になるが、「カレーライス」と「ラーメン」には全くエンが御座いません、という日本人は、まず、いないだろう。御用とお急ぎのせっかち人間にとって、この二品ほど安直で便利な食べ物はないし、家庭の台所の戸棚の中にも、なには無くとも「インスタント・カレー」と「即席ラーメン」がシッカリと同居しているのは御存知の通りである。

私たち日本人のほとんどは、「カレーライス」をインドの食べ物と思い、「ラーメン」を中国の食べ物と信じて疑わない。が、その二品が、実はオリジナルとは程遠く、ほとんど「日本の味覚」に変身してチャッカリと台所に納まっているところが不思議といえば不思議である。

例えば、中国本土や香港、台湾の中国料理店に入って、「ラーメン頂戴」と注文してもほとんど通じない。「ラーメン」という名称もアクセントもすべてが日本製なのだから通じないのは当然である。日本でいう「ラーメン」は、スープがたっぷりとした中華ソバのことだけれど、中国ではスープ入りの麺はすべて「湯麺《タンミエン》」と呼ぶ。「ラーメン」の「ラー」という音は、中国の「柳麺《リユウミエン》（柳の葉に似た形の麺）」、または、「羅《ラ》（薄い絹織物）」、あるいは「撈麺《ラオミエン》」、「拉麺《ラアミエン》」の、いずれかがなまったものらしいが、「撈麺」の「撈」は「かきまぜる」という意味で、汁気のない麺にオイルをかけてかきまぜたものが「撈麺」だから、日本のラーメンとは全くちがう食べものだ。とすると、いったいどれが日本のラーメンの「ラー」に当たるのか、……私も長年気になっていたのだが、最近、『文化麺類学ことはじめ』という本に、「拉麺の『拉』には『手でひっぱる』という意味があるから、いままで語源不明といわれていた日本の『ラーメン』は『拉麺』が一番説得力が強い」と、国立民族学博物館の石毛直道教授が書いていられたのを読んで、ようやく納得がいった。

一口に「麺」といっても、中国の麺の種類はビックリするほど多種多様だ。日本のソバのように折りたたんで包丁で切る麺、両手でひっぱって細くのばす麺、生地を小孔のあいたシリンダーに入れて圧力で押し出す麺、といろいろで、それぞれの麺に名称がある。日本ではそれらの麺をひっくるめてスープをかけたものを「ラーメン」という食べものに仕立てあげた様子である。

まァ、「ラーメン」でも「中華ソバ」でも、目クジラ立てて議論するほどのことでもないからいいとして、「トンカツ」「メンチカツ」「ハヤシライス」「オムライス」なども また、日本人が勝手に作ったカタカナ英語である。「トンカツ」はたぶん「ポークカツレット」(PORK CUTLET)の変形だろうし、「メンチカツ」は肉のミンチに衣《ころも》を着せて油で揚げたものだし、「ハヤシライス」は、日本の林さんという人が発明したから、という説もあるけれど、これもマユツバで、たぶん「ハッシュド・ビーフ」(HASHED BEEF)が縮まった名称だろう。「オムライス」に至っては、ケチャップなどで味つけをした炒め御飯を薄焼き卵で包みこんだふしぎな料理で、外国にはその類似品すら見当たらない全くのメイド・イン・ジャパン。日本人は、他国のオリジナルを解体、研究、部品を変えて「○○もどき製品」をでっちあげる天才である。

日本人が平均一週間に一度は食べるという「カレーライス」も「ラーメン」同様で、

外国のレストランで「カレーライス」と注文してもウエイターはキョトンとするばかりだろう。英語のメニューには「CURRY WITH RICE」はあるが「カレーライス」は無いからだ。

カレーの本家、インドの南部では米が主食だが、北部では水で練った小麦粉を平らにのばして、タンドールという土製の深いオーヴンの壁面にペチャリと押しつけて焼きあげる。特大やわらかせんべいのような「ナーン（NAAN）」にカレーをつけて食べるから、「CURRY WITH NAAN」ということになり、いずれにしても「カレーライス」というものは日本国以外には存在しない。

日本の食生活に「カレー」が登場したのは明治の中頃だというから、私が子供の頃に食べた「カレーライス」は、ごく初期のカレーもどきのカレーライスだ。「カレーライス」が、大日本帝国陸海軍の軍隊食や街の食堂からようやく家庭に入りはじめた頃だろうか、当時の母親たちの作るカレーはほとんど似たようなもので、豚肉のコマ切れと、玉ネギ、人参、じゃがいものぶつ切りを水で煮立て、メリケン粉とカレー粉を入れてドロリとしたら出来上がり、という簡単なものであった。いま考えれば「豚入りシチュー、カレー風味」とでも言いたいような味だ。それでも、台所でカレーを煮る匂いがすると、「あ、今日はカレーライスだ！」と、胸が弾んだものだった。

五歳のときから映画の子役になった私は、家にいるより撮影所にいる時間のほうが長かった。食事は必然的に、出前迅速、胃袋に流しこみやすいウドンかソバ、またはカレーライスかラーメンと相場が決まってしまう。撮影所の食堂のカレーライスは、ウドン粉だくさんの母親の味よりはマシだったけれど、私は成長と共に「カレー」に目覚めはじめたのか、休日には新宿の「中村屋のカレー」を食べにゆくのが何よりの楽しみだった。ご飯にドロリとカレーがかかっている一皿こっきりのカレーとはちがって、中村屋では、まずお皿が現れ、そのお皿に品よくご飯が盛られ、次いで銀色の容器に入ったカレーソースが運ばれてくる、という演出だけで、当時では充分に高級っぽいカレーライスだった。

私たち日本人が普通「カレー粉」と呼んでいるのは、主に黄色に色づけをするための「ターメリック」という辛子色のスパイスだが、辛味を強めようとして分量を多くすると、かえってターメリックの苦味が増す。カレーの辛味はあくまでも唐辛子の分量によるわけだが、中村屋のカレーは、唐辛子もターメリックも控え目で、ブツ切りの鶏肉と野菜が入ったサラリとしたカレーで、かなり日本人向けにアレンジされた味だった。

三十歳で結婚してから、私はせっせと自己流のカレーを作りはじめた。三十歳のオバン女房が夫をつなぎ止めておくには「美味しいエサ」しかない、と思ったのと、それにはおふくろの味ならぬ女房の味を確立しなければ、と考えたからである。ある日、

「ボク、久し振りにおふくろのカレーライスを食べてくる」と、夫はいそいそと横浜の実家へ出かけて行った。やがて、浮かぬ顔して帰って来た夫に、私はたずねた。

「お母さんのカレー、美味しかった?」

「あんな、赤ん坊のウンチみたいなカレー、食えたもンじゃない。昔はあんなカレーでも美味しかったのかなァ」

　徐々に香辛料と唐辛子を増していった私のカレーに、夫はいつの間にか馴れてしまっていたらしい。その後も私がカレーを作るたびに、「もっと辛く、もっと辛く」とは言うけれど、お母さんのカレーのことは二度と言わなくなった。カレーのスパイスには、どうやら中毒になるような妖しき魔力がひそんでいるらしい。

　昭和二十五年。私はパリで七カ月間の下宿生活をしていたことがある。その間、天ぷらソバやおすしも恋しかったが、ピリリと辛い「カレーライス」も懐かしかった。が、当時のパリには「カレー専門店」などは一軒も無かった。たまたま、あるレストランのメニューに「CURRY AU RIZ」とあるのをみつけた私は、やれ嬉しや、と注文して、食してみたが、これが全くの期待はずれでガックリした。鶏の切り身にひとつまみほどのバターライスがよりそい、ウッスラとカレーの匂いのするソースがトロリとかかっているだけで、色も香りもシマらなく、私のイメージにある「カレーライス」とは似ても似つかぬ料理だったからである。

考えてみれば、微妙繊細なソースこそ料理の命、と日夜ソース作りに余念のないフランス料理のコックにとって、なぐり込みでもかけんばかりの唐辛子の強烈さは、始末に負えない、といったところかもしれない。

最初に「カレー粉」なる複合香辛料を発明、発売したのはインドならぬ英国だそうだが、英国人もまた、カレー粉はせいぜい料理の風味づけに利用する程度らしい。アメリカのカレーもまた同じようなもので、ごった煮シチューにターメリックの黄色がぼんやりと加わっているだけで、飛び上がるほど辛いカレーは全く存在しない。鼻のアタマに汗を浮かべ、ヒーヒー言いながら激辛カレーを楽しむのは私たち日本人だけなのだろうか？

それにしても、日本人の異常なほどのカレー好きは、いったいどこからきたのだろう。日本料理にも、辛いものはある。まず、にぎりずしにそえられるワサビが辛い。フグの刺身につけるもみじおろしも辛い。おでんにそえる和辛子も辛いし、唐辛子をまぶした「柿の種」というおせんべいも辛い。

日本国に唐辛子が到来したのは、いまから約四百年も前だというから、日本人の唐辛子好きにはかなりの年期が入っている。辛子もまた「辛子れんこん」「辛子あえ」「辛子味噌」「辛子醤油」「辛子漬」など、単調な日本料理の中ではまあ異彩を放つ存在だけれど、辛子はどこまでいっても料理の脇役で、メーンとして使われることはない。

　そこへゆくと、「カレー」の躍進はなんともめざましい。わずか百年も経たぬうちに、おふくろのドロリカレーから、カレーうどん、カレーパン、軽食堂のカレーライスから家庭用のインスタント・カレー、と、とどまることなく蔓延して、高級レストランのコンチネンタルのメニューにまで現れるようになったのだから大変な出世？　である。カレー粉の主原料となる「コリアンダー（中国語では香菜《シャンツァイ》）」の輸入にしても、一九五七年には二十万トン足らずだったのが、一九八〇年には二百万トン（約十倍）にハネ上がったというのだから、日本人がいかに「カレーライス」を食い狂っているか、ということである。

　しかし、なにごとにつけても、自分自身の眼や舌でシカと見定めない限りは納得ができない、という因果な生まれつきの私は、いつかは本場のカレーを味わってみたい、と思い続けていた。その私が、はじめてカレーの国を見たのは、昭和三十三年、夫婦でヨーロッパを旅行したときのことである。マルセイユから横浜まで、フランス船「ベトナム」に乗って帰国の途中、船は、ボンベイに入港した。

　早朝、入港の気配に気づいてデッキに出た私を驚かせたのは、ひどい蒸し暑さと、一点の緑もない灰色の風景だった。すぐ眼の前に、建築中の工事現場があり、木組みのところどころに半裸の男たちが腰を下ろして食事の最中であった。「何を食べているのかしら?」と、眼をこらして見ると、左の掌にのせた大きな木の葉にのっているのはどうやらご飯のようである。ご飯の横には、親指の先ほどの辛子色のものがそえられていて、男たちは右手の指先でご飯を日本のにぎりずしのように押し固めては、練辛子様のものをチョイとつけて、口の中にはじき入れている。「あッ、カレーだ。彼らはカレーの弁当を食べているのだ」と思い当たったが、それにしても、ご飯にドロリのカレーライスのイメージからは想像もつかないカレー弁当で、私は仰天した。ボンベイの薄暗いレストランで食べたカレーは、そのあまりの辛さに、中の具が何であったかも忘れてしまったが、それでもコリずに、次の寄港地のセイロン(現在のスリランカ)でもカレーに挑戦しよう、と、船の中で手ぐすねをひいた。

私たちは、コロンボ港に到着したとき、港に近い宝石店で知人に頼まれたブルーサファイアを買った。日本語を話す店の主人が、私たちの案内役にと息子のアリー少年を貸してくれた。愛らしい九歳のアリーの案内で寺院や動物園を見物し、昼食のカレーを食べに行った。アリーによれば、「ココ、コロンボデ、カリー、イチバン、オイシ」そうだが、屋根もロクにないような、よく言えば素朴、悪く言えば貧相なレストランだった。はじめに出てきたのは、鶏一羽が底に沈んでいるとてつもなく辛いスープとナーンだった。直径三十センチほどの大皿に山と盛られた鶏肉入りドライカレーの量の多さにも目をムイたが、皿に取り分けようとしてフォークでつついたら、黄金色に染まった茄で卵が二個、ゴロンと転がり出たのには二度ビックリした。つけあわせは玉ねぎとトマトのスライスに唐辛子粉をふりかけたものと、すり下ろしたホースラディッシュ様のもので、どちらを向いてもただ辛いばかり、おでこに吹き出る汗をふきふきカレーと格闘している私たちを、アリーは心配そうに瞠《みつ》め、遠まきにして眺めていたボーイたちが「チャツネ（マンゴーなどで作る甘い薬味）」の瓶を持ってきて、手真似で「コレヲ　マゼテ　タベロ」と、同情してくれた。レストランの前の道を、背中に象使いの男を乗せた象がノッシ、ノッシ、と歩いていったのが印象的だった。

辛いカレーを食べれば食べるほど、カレーの魔力に魅入られたのか、ますますカレー大好き夫婦になった私たちは、外国に出るたびにしゃにむにカレーを食べ続けた。

スリランカのレストランでは、豚肉を除いて、鶏、羊、牛肉、エビ、カニ、魚、野菜、と、カレーの種類は多い。皿にペッタリと広げられたご飯の量はたっぷりだが、小さな浅皿に入ってくるカレーソースは、味噌汁一椀の半分ほどの量である。周りのテーブルを見まわすと、二人なら鶏と野菜、三人なら鶏とカニと羊、という具合に別々のものを注文して、適当にまぜ合わせては指先で器用に口の中へはじき入れている。土地の人でさえ、カレーソースは残りがちになるのだから、スリランカのカレーの辛さは推して知るべし、である。

シンガポールで食べたカレーの中では、あんこうのような大きな魚の頭やアラを煮こんだカレーが美味しかったし、三十センチほどに切った青々としたバナナの葉を皿代わりにしてご飯を盛り、各種のカレーを少しずつ混ぜて指で食べたのも美味しかった。

タイ料理店のカレーは、イエロー（ターメリック）、レッド（唐辛子）、グリーン（青唐辛子）、と三種類で、ココナッツミルクが入っているのが特徴である。これを「スティキイライス（蒸したモチ米）」と混ぜて食べると、インド風、スリランカ風とは一味ちがっていて、また美味しい。

私は、はじめての土地へ行くと、まずマーケットを見物にゆく。そして、その土地の人と同じものを食べてみる。これが、その国を知る最高の手がかりだと信じているからだ。そして、もうひとつ見たいものは、その国の家庭の台所だ。家庭の味にこそ、レストランでは窺《うかが》い識《し》ることのできない民族の味と歴史が残されている、と私は思っている。

例えば、外国人が日本人の家庭を訪れて、朝食は、トースト、フライドエッグ、コーヒー。昼食はカレーライスかラーメン。夕食は湯豆腐と焼き魚と味噌汁とタクワン。といった食生活を見たら、日本人とはずいぶんと複雑で理解に苦しむ人種だ、と、首をひねるにちがいない。

いずれにしても、タクシーを使い、ホテルやレストランのご馳走ばかり食べていては、その国のことは分からない。歯がゆいことである。

胃袋さえ満杯になれば味なんざどうでもいい、という若者には理解の外だろうが、私のような食いしんぼうにとって、トシをとる、ということはまた「あと何食、好きな食事を楽しむことができるだろう」という切実な日々の連続でもある。フグだ、スッポンだ、フォアグラだ、キャビアだ、と、贅沢三昧な日をおくりたい、という意味ではなく、春先には「蕗のとう」の風味を味わい、夏には「枝豆」の爽やかな緑を楽しみ、秋には「茸」、冬には「鍋もの」と、ささやかでも季節そのものをじっくりと楽しめる、ということは、精神的なゆとりがあるという証拠で、やはりしあわせな老後といえるだろう。まずは、ありがたいことである。

トシをとるにつれて外国旅行もなかなかオックウになり、カレーを訪ねてインドやスリランカまでスッ飛ぶ元気は年々衰えてきたけれど、最近はこちらから出向かなくても世界中の料理が日本に集まっている。インドやスリランカやタイからも本場の料理人が来日してレストランを開き、居ながらにして美味しいカレーを楽しめるようになった。

インド料理では高級店の「タージ（TAJ）」は、地下鉄、赤坂見附駅から歩いて三分。店の雰囲気もよく、サーヴィスもスッキリとして心地がよい。「タージ」とは、立派、偉大、という意味だそうで、この店のシェフは、「タージ・マハール・ホテル」の優秀コックだそうな。私たち日本人は、インド料理というと即カレーと思いがちだが、タージのメニューには多種多様な料理が揃っていて、ぜんぜん辛くない料理も多い。インド風コロッケの「ムサカ」や、香辛料入りの玉ねぎスライスの精進揚げ（?）は、日本人の好みに合うと思うし、私も大好きである。

お手軽なところでは、六本木の「サムラート（SAMRAT）」で、ナーンが美味しく、味も値段も手頃のせいか、いつも若者で一杯である。六本木にはもう一軒、私の好きな「激辛カレー専門店」があったけれど、カシミール地方のカレーとやらは、頭の中が妙に涼しくなって真っすぐに歩けなくなるほど辛かった。いつの間にか店が閉まってしまったが、あまりの辛さに卒倒したお客でもあったのかもしれない。

歌舞伎座前の「ナイル」は、昭和二十五年以来の老舗で、私は中村屋同様にセッセと通った懐かしい店である。玉ねぎスライスのそえられた、サラリとしたカレーで、何度食べてもアキるということがない、普段着の味、といったカレーである。

このように、一口にカレーといっても店によってそれぞれ微妙に味がちがう。ということは、もともとカレー料理にはこれといった定義やレセピーは無く、味つけはコックの感性と舌にあるのだから、二人のコックが同時にカレーを作っても同じカレーが出来るとは限らない、というのがカレー料理というものらしい。第一、黄色い色をしているから「カレー」とは限らない。辛いのも、甘いのも、赤いのも青いのも、みんなカレーである。

さて、スリランカで知りあいになった、黒くて細くてダックスフント犬のように可愛らしかった少年、アリー・モハメッド・アリーもいまや四十二歳。鼻デカ腹デブのオッサンに変身したが、いまだに私たちを、日本の「オトーサン、オカーサン」と呼んでいる。現在もスリランカに住んでいるが、くらしは中流の上、というところだろうか。奥さんのファテーマと五人の子供の他に、運転手、門番、女中、家庭教師、と、大家族である。ファテーマは、この大家族を養うために、日夜カレーのスパイス作りに忙しい。家には台所がふたつあり、ひとつはお茶の支度などをするおしゃれで近代的なキッチンで、料理をする大きな台所は、半分が外になっている。

スリランカには袋入りの混合スパイスも売られているが、ファテーマはそんなものには目もくれず、庭に据えられた大きな石鉢に十種類ほどの香辛料を入れて、長いスリコギ様の棒で丹念に押しつぶす。香辛料の種類と配合は、主婦によって微妙にちがうから、その家独特のカレーが出来るので、ちょうど、韓国の主婦たちが「キムチ」を漬けこむときに、塩辛や出汁、唐辛子や塩の配合で、わが家の味を作り出すのと同じである。

焼きつくような太陽の下で、サリー姿のファテーマが力一杯に棒を突きおろす石鉢の中の香辛料は、少しずつ、少しずつ粉末状になり、複雑な芳香が立ちのぼってくる。

棒は堅木でズッシリと重く、カレー用のスパイス作りはたいへんな労働である。が、ファテーマの作るカレーは、いうなれば、代表的正統カレーとでもいおうか、インドやスリランカやタイの主婦たちのすべてが香辛料だくさんのカレーを作っているのかどうかは分からない。

カレーの決め手になる唐辛子の他には、ショウガ、コショウ、サフラン、コリアンダー、ターメリック、クミン、シナモン、カルダモン、ナッツメッグ、クローブ、ガーリック、ベーリーフ、メース、フェヌグリーク、などと、おびただしい数の香辛料がある。香辛料にもサフランやカルダモンのようにとびきり高価なものもあるし、匂いの好き嫌いもあるから、香辛料の種類や分量によって、それぞれの家庭の味が出来あがる、ということだろう。例えば、いつだったか、アリーがわが家へ遊びに来たとき、カレーの作り方を教わったことがある。台所に立ったのは私である。

「オカーサン、玉ネギアル？　玉ネギ切ッテ、ナベニ油イレテ、玉ネギ　イタメル。ソウソウ。オカーサン、カツオブシアル？　カツオブシタクサンイレテ、モットイタメル。ソウソウ。ソコヘ　唐辛子ノコナイレル。モット、モット、イレル。カキマワス。ホラ、デキタ」

「えッ⁉」

私はアッ気にとられた。

ややこしい香辛料にふりまわされて、作る前から製作意欲を喪失するようなカレーもあれば、三分で出来るカツオブシのカレーもまた、カレーである。そういえば、スリランカでは干した魚を細かく削って油で炒めた、まさにカツオブシのでんぶ様のものを薄いトーストにはさんで食べるが、アリーはそれを日本のカツオブシに置きかえて利用したわけである。なんのこっちゃい、である。

私たちが目の色変えて探し求める「究極のカレー」などというものはこの世にありはしないのだ。カレー料理にあるのは、大らかな自由だけなのだ。

首さしのべて鍋の中を覗きこむ私の眼から、新しい芽がピョンと出た。

（『エスクァイア日本版』一九九〇年五月号）

もうすぐ春です

「前略ごめんくださいませ。

先日は、例年のホノルル旅行の直前と知りながら、ながながとお電話口におひきとめしてしまったことを、今さらながら恥入り、反省しております。

とつぜん私ごとで恐縮ですが、私には若い頃から喘息《ぜんそく》という持病がありましたのですが、年々、歳を重ねるにつれて発作の度数が頻繁になり、この二、三年は息も絶えだえのような状態が何時間も何日も続くようになりました。はげしい咳に身をもみ、背中を丸めて苦痛に耐えながら『ああ、このまま窒息して死ぬのかしら』と、心細くおもうのもたびたびです。といっても、発作が治まってしまえばケロリと正常に戻って、人並みに呼吸も出来、家事に支障をきたすこともありません。

十日ほど前だったでしょうか、『高峰さんがハワイへお発ちになる前に、ぜひ、柿の葉ずしを召上っていただきたい。電話で御都合を伺わなければ……』と、思い立ったその日に発作で倒れまして、四、五日ほど文字通り七転八倒で苦しみぬき、すぐそばにある電話にたどりつくこともできませんでした。が、ある日、ある時、喘息の大嵐がふぃ！　とかき消えて正常な呼吸が戻ったとたんに、私は前後の見境いもなく電話に飛びついて、ダイヤルをまわしてしまったのでした。ベルが鳴り、なつかしい高峰さんのお声が聞こえたあとは、もう、何をどうお話したのやら、ただ一方的に喚きたてていた、としか記憶がありません。さぞさぞ、お聞き苦しかったことでしょう、と、冷汗三斗のおもいです。どうぞお許しくださいませ。

高峰さんは『長電話と長いファンレターはなにより苦手……』と、御著書の中にもありましたので、オールドファンの私としては、申しあげたいこと、書きたいことが山ほどあっても、高峰さんへのお電話と手紙だけはいつも簡潔に、便箋一枚ほどにと心がけて、この七年あまりガマン（?）をしていたのですが、今日は長電話のお詫びがこんなに長い手紙になってしまって、われながら呆れております。それもこれも、元凶は持病の喘息のなせるワザ、といってしまえばそれまでですが、いまにも消え入りそうにゆらめいている自分の生命の灯をみつめながらも、最近は、あれやこれやと過去の思い出が断片的に浮かぶのは、やはり、老いた、ということなのかしら？　と、苦笑いが出ます。

どこにでも転がっているような、ごく平凡な私の人生ではありましたけれど、それなりにささやかな喜びや悲しみがありました。そして、少女のころから今もなお、常に私の心の中に高貴な宝石のようにきらめいている高峰さんの存在を忘れることはありませんでした。私にとっての高峰さんへのおもいは、ただ、華やかなスターに憧れ、高峰さんの映画を愛するファンである、というのみにとどまらずもっと濃密で、絶対的な、私の大切な御方、と、おこがましくも自負している次第なのでございます。高峰さんのファンは、それこそ星の数より多くおられることでしょう。そして、人それぞれに、高峰さんに魅かれる理由をお持ちでしょうけれど、私の場合は、高峰さんの存在があってこその人生だった、といえるかも知れません。

私は二十一歳で小学校の教師になりました。そして二十代の終りに、高峰さんと同じように一歳年下の、中学校の教師と結婚をしました。結婚して間もなく、夫も私も高峰さんの映画の熱心なファンであることを知ってびっくりし、以後、夫婦の会話に高峰さんのお名前がしばしば登場するようになりました。

教師と主婦という二本立ての生活はなかなかに忙しく、二人揃って休める日はごくときたまでしたけれど、そんなときには高峰さんの映画を上映している京都や大阪の映画館まで電車を乗りついで出かけてゆき、帰りにはちょっと張りこんでうな重とか天丼を喰べてしあわせな一日をすごすのが、私ども夫婦の唯一の楽しみになってゆきました。もう何十年も昔のことですし、それも奈良という土地柄、夫婦揃って外出するということは、少々面映ゆくないこともなかったのですが、私ども夫婦はなぜか、高峰さんの映画を観にゆく日だけは大えばりで肩を並べて出かけたことが、いま考えてもなにやらこっけいで、なつかしい思い出のひとつになっています。

そうこうする内に、子供も生まれて、よりいっそう多忙になり、『いつかは高峰さんにファンレターを送りたい』という私の夢も叶えられぬまま、あたふたと年月が経って、ようやく、と言うのはヘンですけれど、八年前に夫婦揃って、無事、教職を退きました。

退職金を頂き、二人の娘を嫁がせて、なにやらタガがはずれたように身軽になって、周りを見まわしてみると……。気楽で優雅な身の上である筈の自分が、宙に浮いている風船玉のように思えてなんとなく落ちつかないのです。長年の教職を引退した虚脱感でも、夫婦二人の単調な生活の倦怠感でもないのです。なにか、忘れものでもしたような、どこかにしまいこんだ大切な物がいくら探してもみつからないような、小さないらだちというような気持なのです。

そんなある日のことでした。夫婦向かいあって久し振りに好物の柿の葉ずしを頂いているとき、私の口からポロリと、こんな言葉が出ました。

『おいしいね。高峰さんにも食べてほしいわ、このお寿司。送ってみようかしら』

『でも、お好きかどうか分らないよ』

『御主人の松山さんは好き嫌いのはげしい方らしいけど、私は何でも食べる雑草人間だってエッセイに書いてはったもの』

『ま、一応お聞きしてからの方がいいんじゃないか?』

『そうねえ……そうしようかしら?』

でも、熱い番茶をすすりながら、もう、私の心は決っていました。『どうしても柿の葉ずしを召上っていただきたい。長い間、お便りをしたくてウズウズしていたけれど、今度こそ書くゾ!』

私の探していた大切な失せものが、ポン! と眼の前に現れたような気がして、わくわくと胸が躍りました。七年以上も前のことなので、たぶん高峰さんの御記憶にはないと思いますが、私はごく簡潔に、一枚のレターペーパーにこう書きました。

『私は、奈良在住の高峰さんのオールドファンでございます。突然ですが、奈良名物の柿の葉ずしを御賞味いただきたく存じます。到着の日時は、寿司店から電話でお伺いいたします。

奈良にて、N』

それから一週間ほど経ったある朝、ポストに高峰さんからの御はがきが入っていました。

『さわやかな緑の柿の葉に包まれたおすしが到着しました。紅鮭はサラリと淡白で、鯖はまったりと濃厚で、どちらも美味しく頂きました。御馳走さまでした。

高峰秀子』

そのお葉書を頭上にヒラヒラさせながら、やったァ！　と小躍りしている私を、夫もニコニコと喜んでくれました。

二人とも遠い若い日に戻ったようでした。そして、季節が変る毎に、高峰さんに柿の葉ずしをお届けするのが、決して誇張ではなく、私の一番の楽しみ、というより生甲斐になったのです。柿の葉の色は、新緑のころは鮮やかな萌黄色に、秋は秋でひなびた朽ち葉色に、と、何度も変ります。お寿司がお手もとに入るたびに、高峰さんからはきちんとお礼状か、お電話を頂き、また、再三再四御辞退のお言葉も頂戴しましたけれど、私はその都度、私の唯一の楽しみを取りあげられるような気がして心底悲しくなります。

エンギでもないことを、と、高峰さんに笑われそうですが、私に命がある限り、私の人生の幕が下りるまで、柿の葉ずしを送らせていただきとうございます。どうぞお納めくださいまし。今日は喘息の襲来もなく、朝から元気なせいか筆の走るにまかせてくどくどと余計なことまで書き連らねてしまいました。

おわびにはじまって、このような長手紙に終りましたこと、なにとぞ御容赦くださいませ。

奈良にて。N」

この長文の手紙が、麻布の自宅から転送され、ハワイに向かっていた頃、私はホノルルのアパートで何をしていたか、というと、時計のバッテリーをせっせと交換する作業に余念がなかった。たった三間のアパートだというのに、なぜか九個もの時計があって、私はアパートへ到着するたびに、直ちに九個の時計をチェックする。ある時計はマジメに時を刻み、ある時計は針を休めてアクビをしている。幼児のころから芸能界に入って、来る日も来る日も時計の針に追いかけられるような生活をしていたせいか、私の周りにある時計たちがきちんと正確に働いていないとどうにも気分が落ちつかない。長年の習慣とはおそろしいものである。

最近、めっきり弱った脚をヨロヨロさせながら踏み台によじ登って壁掛け時計を設置しながら、私はふと「奈良のNさんのバッテリーは今日も正常に働いているかな?」と、気にかかった。ホノルル出発前にもらったNさんの電話の声があまりにも異常でショッキングだったからである。電話の内容はいつものように「柿の葉ずしをお届けします」というものだったけれど、私は「ホノルルへ出発前なので、また、帰って来たときにでも」と御辞退すると、Nさんは「いいえ、そう仰言《おっしゃ》らずにぜひお受けとりいただきたいのです。実はこのところ喘息の発作がはげしく、私は今日明日にでも死ぬかもしれないのです。死んでしまえばおすしをお届けすることも出来ません。高峰さん、このたびだけはこの私のために、この私のために、どうぞおすしを受けとってください。召上る時間がなかったら、そこらへ放ってくださってもかまいませんから！」

息づかいも荒く、あまりにも逼迫したその語気に、私は一瞬絶句し、そして言った。

「御馳走になります。ありがとうございました」

柿の葉ずしばかりではなく、Nさんからは、ときおり季節の野菜も到来する。大きなボール箱の中には、畑から抜いたばかりの泥つき大根が一本、露をふくんだ新鮮な水菜がひと株、キュウリが二本、ごぼうと京人参が各一本、百合根が三個に里芋が一袋に山蕗が一束……ビニール袋に入った真白い筍には「アク抜キハシテアリマス」と、付箋がついている。老人夫婦への細やかな気くばりが箱いっぱいにつまっていて、なんとも嬉しい贈りものである。

百合根は松山好みに氷砂糖でふんわりと煮ふくめ、ごぼうと京人参はキンピラに、筍と山蕗は炊き合わせにし、水菜はきざんだ赤唐辛子と柚子を加えて塩づけにする。

……夕食のお膳にはNさんからの野菜料理の小鉢がズラズラと並んで、美しく、そして楽しい。けれど、考えてみると、私は、会ったこともなく、お顔も知らないお方にこうしてこの身を養っていただいているのだ、とおもうと、なんとも不思議な気がするし、冥利に尽きて胸が迫る。映画に登場した私は、私自身ではないのに、と反省もさせられる。映画女優を辞めてからの私は、それこそどこにでも転がっている一老女にすぎない、というのに、現在もなお、Nさんをはじめ大勢のファンに厚意と親切をもらってヌクヌクと潤っていていいものだろうか? と、うしろめたいような気もする。五十年という長い女優生活の間に、私のおでこにペタリと貼られた「映画女優」というラベルはイヤに頑強で、はがれてくれそうもない。

七十歳を越えてからは、身心ともにガクン! とガタがきて、台所仕事も手抜きがちになり、出来れば一日中ベッドの中にいたい、という心境の私のバッテリーもそろそろ寿命がきているようである。

柿の葉ずしの贈り主と受け取り人の、どちらのバッテリーが先に切れるかは、誰にもわからない。が、私はNさんの長文のお手紙を読んでからは、今後はただ素直にNさんからの贈りものをありがたく頂戴しよう、と心に決めた。

Nさん。もうすぐ春です。美しい萌黄色の柿の葉に包まれた美味しいお寿司の到来を、楽しみに待っていますよ。

（『オール讀物』一九九九年三月号）

すばらしい味覚との出会いも大きな楽しみのひとつ

私は北海道の函館生れだけれど、四歳のときに叔母の養女になって東京に移り住んだから、故郷としての北海道の思い出はほとんどない。

東京に来たての頃は北海道訛《なまり》があって、特に「私」のことを「わし」と言うたびに近所の子供たちに笑われて、なぜ「わし」ではおかしいのだろう？　と、子供心に不思議におもったものだった。

「三つ子の魂、百まで」というけれど、いつの間にか訛が取れて、いっぱしに江戸っ子風な言葉をつかうようになっても、食べ物の好みばかりは頑として北海道風で、というより、トシを取るにつれてその傾向はひどくなってくるらしい。

北海道には全く美味しいものがある。まず、毛蟹《けがに》、そして、鮭、鰊、シシャモ、コマイ、キンキ、鱈、帆立にホッキ貝、そして鮭を凍らせたルイベ……。中でも、生のイクラの醬油づけ、水烏賊の烏賊ソーメン、鱈の白子、とれとれの鮭は、私の好物中の好物である。

私たち夫婦はお弁当マニアで、なにかというと手製のお弁当を持って飛び出すけれど、お弁当のおかずに必ず入れるのは、卵焼きと塩鮭で、この二つさえ入っていれば決して文句は言わない。とれとれの鮭は塩焼きでもムニエルでも美味しいけれど、お弁当のおかずには断然「塩鮭」がよろしく、生鮭は生臭くてダメ、と固く信じているのである。

私が北海道産と知ってか知らずか、よく一尾まんまの鮭が到来する。アイヌ語で「カムイチェプ（神の魚）」と呼ばれる鮭は、全くありがたい魚で捨てるところもなく、全部食べられる。頭の軟骨は薄く切って「なます」に作り、骨つきのアラは三平汁《さんぺいじる》にして楽しむ。三平汁の鮭は絶対に切り身ではなく「アラ」がよろしい、と、これも私は固く信じているのである。

わが家の三平汁は、コブとカツオブシでとっただし汁で、鮭のアラをことことと煮て、ジャガイモ、人参、長葱、大根、椎茸を乱切りにしたものを放り込んで、味はあっさりと塩と酒だけにする。気が向けば酒粕《さけかす》を入れてみたり、煮上がったところへ「つかみ豆腐」を散らしたりする。けれど三平汁はやはり独特の北海道の味なのか、私は好きだけれど、神戸生れの横浜育ち、という夫・ドッコイ氏からは全然お呼びがない。

今回の北海道旅行も、半分以上は懐かしい北海道の味にひかれて、冬のさなかをものともせずに、ホイホイと札幌くんだりまで来ちまった。というところだろうか。

千歳空港からタクシーで約四十分。ひとまず納まったのは、ホテルオークラのチェーンで「ホテル アルファ・サッポロ」という、こぢんまりとして落ち着いたムードのホテルだった。

朝に弱い私たち夫婦は、今朝も寝起き早々に飛行機に飛び乗って来たので、おなかがクークー文句を言っている。夕食は郷土料理「杉ノ目」で北海道の味を堪能《たんのう》しようという魂胆があるから、コーヒーショップ「カメリヤ」で軽くおひるをとることにする。

夫・ドッコイはミネストローネとベーコンとレタスのサンドイッチ。私は野菜スープとビーフストロガノフ。麻布のわが家に近いホテルオークラの「カメリヤ」は三日にあげず通っているほどのおなじみだが、アルファの「カメリヤ」のストロガノフのご飯は鮮やかな黄色のサフランライスで、お味のほうもなかなか結構だった。

人間、おなかがくちくなると気分的にゆとりができて、はじめて窓の外などを眺める気になる。街ゆく人々はコートの襟を立て、肩をすくめ、足どりは早い。北国特有の残雪が汚い灰色の根雪になって道端にこびりつき、雪は降っていないけれど、薄紫色の雲が低く垂れこめている。

「ああ、やっぱり北海道だなア」とおもう。

（『旅は道づれ雪月花』一九八六年）

長崎のうまいもの

*想い出の味

私はどうやら港町が好きらしく、港町特有の、山あり坂あり海ありの「長崎」もまた好きなところのひとつである。

長崎は、江戸時代の長い鎖国のときにも遠い外国との接触をつづけていたから、優秀な学生たちが勉強のためにこぞって長崎へ集まったという。長崎の人々の気風がいまでもなんとなくおおらかで優しいのは、当時、大勢の客人を迎え入れた寛容さがいまだに残っているのではないか、と言われている。

海に囲まれた長崎は当然、豊富な海の幸に恵まれている上に、港に船を乗り入れた広東人、福建人などのもたらした中国料理、オランダ人の持って来たいわゆる洋食などが混然と交ざり合って、他の地方ではみられないような味わいとなって定着したのが「卓袱《しっぽく》料理」であるという。しっぽくの意味は「朱塗りの丸いテーブル」のことだとも、本来は中国語で「テーブルクロス」のことだとも聞くけれど、どちらが本当だか分らない。とにかく「卓袱料理」は大きな丸テーブルに並べられたおびただしい皿数の料理に各自が自分の箸をのばして楽しむ料理で、形式は全くの中国式である。大皿に盛られた料理に箸をのばす、という点では土佐の「皿鉢《さわち》料理」も同様だが、皿鉢のほうは鰹《かつお》のたたきを主とした、どちらかといえば男性的な豪快料理だけれど、しっぽくはトロリと煮込んだ豚の角煮《かくに》とか、魚のすり身の揚げ団子、各種の刺身や煮物などと、エキゾチックなメニューが多いのが特色だ。

私は長崎の「皿うどん」なる焼きソバと、「ちゃんぽん」なる中華風ソバが大好物で、大ご馳走を一回見送っても、長崎ではこのふたつを食さなければ気がすまない。

「皿うどん」はウドンとは似て非なる細い広東麺《めん》をパリッと油で揚げた上に、鶏肉、豚肉、魚介類などになんでもかんでもといった感じで刻み野菜を加え、昔懐かしいナルトかまぼこや錦糸卵まで動員して油で炒めた具を、片栗《かたくり》でとじたアンがたっぷりとかかっている。

「ちゃんぽん」のほうはかける具は同じようなものだけれど、麺はこちらのほうがウドンに似て白く太く、そして柔らかいところが面白い。

名物ではないけれど、お魚好きの人ならぜひ行ってごらんなさい、とすすめたいのが、長崎市内から車で約二十分ほど、茂木という漁村にある「二見」という「生簀《いけす》料理」である。最近の日本人の嗜好《しこう》は欧米人に似てきて、「魚ばなれ」がしているとか言うけれど、「暮しの手帖」の調べによると、私たち日本人の平均的なおかずは、まだまだ肉より魚で、大ざっぱにいえば魚が六で肉は四、という割合で食膳にのぼるのだそうだ。

サンマの塩焼きをトップに、塩鮭、カキフライ、イカの刺身、ブリの照焼き、干物と、値段の張らない魚が多いが、魚がもっと安価になれば、主婦が魚屋を覗く度数はもっと多くなるにちがいない。私の家でも魚好きの夫・ドッコイのために二日に一度はひとつまみほどでもお刺身を切り、タラコを買い、カキの酢の物を用意する。悪趣味だの残酷だのと言いながら、「活魚料理」というと目を輝かせる日本人が圧倒的に多いのも、日本人には魚好きが大勢いる、ということだろう。

当然のことだけれど、魚ばかりは料理以前に魚の鮮度で勝負が決まる。「二見」の活魚料理ときたら、もはや言葉で言うのももどかしく、文章に表現するのもアホらしくなるモノスゴさで、とにかく大テーブルに並んだ皿小鉢の中で生存して動いていなかったモノを書いたほうが手っ取り早い。それは「カマボコ」と「魚の揚げ団子」くらいのもので、揚げ団子のほうも今の今まで生きていた魚の身をすり身にして大いそぎで団子に丸めた、という感じがしたくらいである。あっちでエビがピョンピョン、こっちでイカの足がウネウネウネウネ、そっちで平目が目玉をギョロリ、アワビが殻ごとノタノタと歩き出す。私はテーブルの上を見るだけで気が散って落ち着かず、箸を宙に浮かせたまま、魚たちが早く静かになってくれるのを期待するのだが、魚のほうとしても断末魔なのだろうか、伊勢エビの頭にしがみついていたアワビがゴロン！　と音を立てて皿の外に転がり落ち、私は思わず「痛い！」と叫んでしまった。

活魚料理といっても幅は広く、私もいままでに大鯛や平目やカレイの刺身、カサゴや伊勢エビ、オコゼに白魚、アワビなどには何度もお目にかかってはいたけれど、たったいま水の中からつかみ出したばかりの銀色に光るアジたちが、すでに刺身となった自分（？）の肉を背中にのせたまま、小さな口をパクパクやっているのを見たのは、長崎の「二見」がはじめてだった。

長崎のお菓子でビックラしたのは、「一口香《いっこうこう》」と名づけられたまんじゅうで、一見、小麦粉で作られた薄皮まんじゅうだけれど、外側はカチンと固くて、中身は空気だけ。皮の内側に蜂蜜と黒砂糖を塗ってあるとかで、パリパリと噛んでいる内にうっすらと黒砂糖の匂いがする。これももとは中国のお菓子がヒントだそうだが、なんとも珍妙なモノではあった。

（同前、一九八六年）

そこに「河豚」があるからこその福岡の旅

「ちょっとうしろめたい事柄に対して分別がつかないとき」の譬《たと》えに、「河豚は食いたし命は惜しし」などという言葉がつかわれる。

関西では、河豚のちり鍋は「鉄ちり」、刺身は「鉄さ」と呼ばれる。これは「鉄砲鍋」「鉄砲さしみ」の略称で、つまり「当ればイチコロ、死んでもらいましょう」というところから来たのだそうだから、物騒なことである。

ひと口に河豚といっても、その種類は二十種を越えるほどどらしいが、ほんの一部の河豚をのぞいては、ほとんどの河豚が肝臓や卵巣に「テトロドトキシン」という猛毒を持っていて、この毒ばかりは解毒剤がない、というのだから、まことにオッカナイ魚である。

そんなに物騒な魚なんて、食べなきゃいいじゃないの、とおもうのだけれど、世の中にはホトンドビョーキに近いような河豚ファンがいて、冬の到来を待ち兼ねて「さしみ」に「ちり」に飛びついてゆく。

とかなんとか、他人ごとのように書いたけれど、わが家の夫・ドッコイも、そして私も河豚には目がないほうである。今度の旅行で、つい福岡に足が向いたのも、「そこに河豚があったからだ」ということかも知れない。

福岡の名物食べ物、といえば、まず「博多明太子《めんたいこ》」と呼ばれるタラコの唐辛子漬け、とか、「おきゅうと」、冬場ならご存知「河豚料理」というのが相場になっている。

「明太魚」とはスケトウダラの朝鮮名だから、その子供がつまり「明太子」というわけで、「博多明太子」なるものはタラコのキムチ漬けのようなもので、その元祖はもちろん朝鮮からの到来ものである。

名物だけあって、福岡には明太子を売る店がたくさんある。デパートメントストアの食料品売場では、甘口、辛口、大辛と、味もよりどり、値段もピンからキリまでの、唐辛子をまぶされた真っ赤っ赤な明太子がズラーッと並んでいて、明太子好きには見のがせないおみやげである。

「おきゅうと」は、福岡の朝食のお膳には欠かすことのできないおかずのひとつ。博多近海でとれるウゴ海苔という海藻をきざんで煮とかして、ところてんのように型に入れて固め、好みの形に切って器に盛って、カツオブシとか白ゴマ、長ネギのみじん切りなどをふりかけてお醤油を垂らして食す、というもので、現在では市場でもところてんのように製品化されたものが売られている。この「おきゅうと」、さて美味しいものか？　と聞かれても、ちょっと返事に困るようなバクゼンとした食べ物で、味のないところがアキのこないゆえんかも、としか言いようがない。

　食べ物の好きずきは、その土地の習慣だから、他国《よそ》ものには分らない、ない味があるのだろうとおもう。

　私たち夫婦を、福岡くんだりまで突っ走らせたのは、冬も終りのお彼岸近くだった。「河豚の味はギリギリお彼岸まで」とあるからには、なにがなんでも「食わなきゃソンソン」と駆けつけたのはいいけれど、福岡はもう菜の花や椿の満開で、春の陽ざしもはんなりと、愛しのフグちゃんに対面するにはもうひとつシマラない感じだった。

　福岡空港からタクシーをとばして、河豚料理では一、二を争う「やま祢《ね》」に到着する。「やま祢」は、福岡でも戦前からの一流店で、部屋数は六つだが、広々とした廊下、手入れの届いた庭つきの日本座敷がホッと気分を和らげてくれる。

　ガラス戸越しに見える椿の花が、白と赤のしぼりの大輪であまりに見事なので、花好きの私は早速に庭下駄をつっかけて見物にゆく。

　日本酒の徳利と前菜が運ばれて来た。小鉢は春らしくワラビの白和《しらあ》えで、烏賊《いか》の照り焼きやキスの雲丹《うに》焼きがちまちまと愛らしい。

　トクトク、と熱燗《あつかん》の徳利が鳴って、「今年もやっと河豚に出会えたね」と、夫・ドッコイと私はニッコリとして乾盃をした。

お待ち兼ね、二人の間に、菊の花びらのように美しく盛られた河豚の薄造りの大皿が置かれた。東京の河豚刺しよりは少々厚めに切られてヴォリュームがある。

福岡では「フグ」を「福」にかけて、「フク」とも呼んでいる。長崎では「棺桶《がんばこ》を用意して食べる」にかけて「ガンバ」などというけれど、「フク」と「ガンバ」では大きなちがい、ものは言いようでなんとでもなるものだ、とつくづくおもう。

河豚料理につかわれる河豚は、主に「マフグ」「トラフグ」などだが、「当家のはトラフグのシロといわれる極上の河豚なんです」と、ベテランらしい女中さんがちょっと得意そうに説明する。

河豚の薄造りに欠かせないのは、もみじおろしとポン酢、そしてアサツキのみじん切りなどの薬味だが、特に福岡の「鴨頭葱《こうとうねぎ》」という細い細いネギのみじん切りは、河豚の味をいっそう引き立ててくれる。私は福岡みやげにいつも「明太子」を買うけれど、鴨頭葱を買うことも忘れない。鰺酢《あじす》にふりかけてもいいし、冷やっこの薬味にもよく、特にたっぷりと刻んで納豆にまぶすと、とても美味しいのである。

当家の「白子」は、蓋《ふた》つきの小さな土鍋に入って現われた。白子の両側に充分に焦げ目がついたアツアツで、舌の上で夢のようにとろけてゆく。

私は河豚のお刺身よりも、どちらかといえば三枚に下ろした中落ちのから揚げが大の好物なのだが、当家のから揚げは特上で、夫・ドッコイに一切れだけ進呈したあとの全部を、モノも言わずにガリガリピチャピチャと骨までしゃぶり、猫もまたいで通りそうに平らげてしまった。老妻の健啖《けんたん》ぶりに、老夫はいささか呆《あき》れ顔だが、知ったこっちゃないヨ。

さて、どんじりの「ちり鍋」は、当家風という八丁味噌を薄くとかし入れたスープで炊かれた。八丁味噌の渋みがサッパリとから揚げの油を流してくれる。

昼酒の上に熱いちり鍋ときては、酔っぱらわないほうが不思議というもので、夫のほっぺたがポッと赤い。私の顔も多分、トマトの如くマッカッカなのだろう。気分は上々、陶然となってきた。

「おあとは雑炊ですが……」を棄権して、完全にダウン！「ごちそうさま」と箸を置いた。

「ああ、これで来年まで、フグちゃんとはお別れだというのに……」と、雑炊の味に心を残しながら、近頃めっきりと手狭になったカンレキの胃袋をさすって、そっと溜息を吐いた。

（同前、一九八六年）

生れてはじめての、白魚の躍り食い

*想い出の味

人間の顔がひとつひとつちがうように、食べ物に対する嗜好もそれぞれにちがう。生き海老の皮をくるりとヒンむいてスシ米にのせ、まだヒクヒクしているところをポイと口の中に放りこんで、「ウム」と満足げにうなずいたり、断末魔の表情もいとおそろしげなお頭つきの大鯛の活造りに感激する人もいる。ご馳走をする側は得意のハナをうごめかし、される側は「おおそれながら」といった按配で箸をのばす。

松山も私も、蛇料理からすっぽん、蛙《かえる》、牛なら舌と尻尾、と、相当に下手《げて》もの好きと言われるほうだけれど、活造りだけは敬遠するほうで、いままでにも「白魚《しらうお》の躍り食い」とやらに出くわしたことはあるけれど、食したことは一度もない。その松山サンが、どういう風の吹きまわしか知らないけれど、「白魚の躍り食い、してみようかな?」と言ったので、私はびっくり仰天した。

まず、現われ出でたるのは酢醤油の入った小鉢。水の張られた平鉢の中を忙しげに泳ぎまわっている三十四ほどの白魚は、体長ほぼ三センチほどのチビどもで、透き通った身体に糸のような骨と内臓が透けてみえ、針で突いたような黒い目玉が愛くるしい。

この白魚は、卵とじや椀ダネになる体長十センチほどの、いわゆる「白魚」とちがって、ハゼ科の魚で「シロウオ」と呼ばれる。二月のはじめごろから産卵のために室見川をさかのぼってくるチビスケどもだ。川の水にとけこんでいるようなシロウオを、ウの目タカの目で見つけた人間は、ヤナを仕掛けて生けどりにして「躍り食い」などというザンコクムザンな名前をつけて私たちの食膳にのせる……という寸法である。何千匹、何万匹も、隊をなして川をさかのぼって来るけなげな（?）シロウオの、その中の三十四ほどがいま、なんの因果か、私たちの目の前で泳いでいるのだな、とおもったとたんに、女中さんが平鉢に網じゃくしを差し入れて、シロウオを酢醤油の小鉢に汲み入れた。とつぜん酢の中に放りこまれたシロウオたちは死にもの狂いで暴れだし、小鉢の囲りに飛沫《ひまつ》をあげ、一、二匹が鉢の外へ飛び出すさわぎである。「今日のは特別、イキがいいですねえ」という女中さんの声が、私には地獄の底から聞こえたような気がした。

松山は、いまさらひっこみもつかない、といった表情で、しかし「ボク、死んでから食べることにします」と言って、小鉢から目をそらせた。

（同前、一九八六年）

獅子喰い

志賀直哉、武者小路実篤、浜田庄司、バーナード・リーチの諸先生を、うなぎ屋の「山の茶屋」にお招《よ》びしたとき、一足先に到着した梅原先生はこうおっしゃった。

「秀子サン。うなぎはたっぷりすぎるほど頼んでね。この店の御馳走はうなぎだけしかないのだから」

私は台所へスッ飛んで叫んだ。

「蒲焼きは、お一人二人前ずつにお願いします！」

諸先生がつぎつぎに「山の茶屋」にお越しになり、お互いに言葉ももどかしく、老朋友久し振りの会話に座がはずんだ。

私がはじめてお目にかかったのは、バーナード・リーチ先生だけだった。リーチ先生は見るからに温和で風格のある紳士で、分厚い眼鏡に白髪長身、ゆっくりときれいな日本語を使う方で、長年の陶器仲間である。

お隣の「ノンキな父さん」風の浜田先生とは、なんとも対照的だった。

肝焼きと白焼きが運ばれ、お酒が出た。

齢《よわい》六十を過ぎれば、人間誰しも、話題は自然に、現在の健康からはじまって、やがていつかやって来る「死」という問題に及ぶ。諸先生の意見は、「ヘンな病気になって、長々と苦しんで死ぬのは願いさげ、それなら元気のある内に自殺したほうがまし」というところに落ちついた。

「首吊りは、どうもね」

「ハナを垂らすそうで見苦しぃや」

「鉄道自殺は？」

「こまぎれの血だらけになるから他人に迷惑をかける」

「三島みたいな切腹も、あと始末が大変だろう」

「ガス自殺はどうかしら？」

「死にそこなったら一生ヨイヨイだそうだ」

「スイミンヤク　イカガデショウカ？」

「ちょうどいい工合にのめればねぇ」

「やはり睡眠薬がいいかな？　僕がやってみるか」

と、志賀先生がおっしゃり、梅原先生が、

「うむ、君がためして成功したらボクもやるサ」

で大笑いになった。

そこへ蒲焼きが運ばれてきた。いつもの見馴れた中皿に、いつもと同量の蒲焼きである。

健啖家揃いの先生方は、待ち兼ねたように箸をのばし、みるみる内にお皿の中が心細くなってゆく。「困ったな、たしかに二人前ずつと注文したのに……」と、思ったとたんにふすまが開いて、女中さんたちがまたもやお皿を運んできた。同じお皿に同じ量の蒲焼きである。

私のつもりでは、一枚のお皿に二人前量の豪華うなぎが現れる筈だったのだが、うなぎを焼きあげる楽屋のほうの都合もあったのだろう。テーブルの上に、六人で都合十二枚のお皿がズラズラと並んだところは、お客様が揃って高年齢者なだけに、なんだかこっけいで、私は身をすくめた。

しかし、誰お一人として二枚目のお皿に不審を感じる様子もなく、十二人前のうなぎがめでたく皆さんのお腹に納まってしまったのにはビックリした。

それにしても、梅原先生は生涯に、いったいどれほどの量のうなぎを召上ったことだろう。パリやカンヌの、海外旅行先から頂いた先生のお便りにも、食べもののことというと必ず「うなぎ」が出てくる。

「しばらくお便りなく、淋しく思う。こちら相変らず好晴温暖の日多く、然し日は著しく短くなった。仕事六ヶ敷《むずかし》い処に来て余り進まない。少なくとも一月中ここにいて根気よくやるつもり。(中略)シナ料理のいいのとかばやきのないこと此の頃の自分には大変困る。

一九六四年　カンヌにて」

「風邪ひいた。実に久し振りに。元気な時にはもう死ぬのもいいと思うが弱っていると元気になりたく思う。かばやきだのシナ料理にあこがれて、もう帰ろうと思う。三十一日夕は東京の予定。君がひまなれば早々に会えれば嬉しく思う。

一九六六年　パリにて」

「靴をへだてて(入歯のことか?)まずいもの食う元気なく、遠からず鰻の獅子喰いに日本へ帰らんと思う……」という手紙がパリから着くか着かない内に、東京、市ヶ谷の先生から「うなぎ食いに帰ってきちまったァ」という電話が入った。うなぎ恋しさに身も世もない、というこうしたときは、お上品な「山の茶屋」や「竹葉」では間に合わず、先生のいう「小塚ッ原のうなぎ」つまりは千住は「尾花」まで出向くことになる。尾花の大串は、四十センチほどもある大皿に大蛇の如きうなぎが山盛りで現れるからである。

尾花のおかみさんが「ドッコイショ！」と大皿をかつぐようにして、ゴトン！　とテーブルの上に置いたとき、私は言った。

「先生、獅子喰いってどうやるの？」

「ふむ、つまりはね、こうやるんだ」

梅原先生は両手で大皿を抱えこむと、いきなり大皿の真ん中に顔ごとつっこんでムシャムシャと息もつかずに食べだした。御相伴《おしようばん》は柏戸や朝潮などのお角力《すもう》さん方だったが、さすがの巨漢もただ呆然。目も鼻も、顔中うなぎだらけになった先生に、私はおしぼりを貰いに台所に向って駆け出した。


思えば、「山の茶屋」に集った梅原先生の老朋友の四先生は、それから間もなく先を争うようなあわただしさで、逝ってしまわれた。残るお友達は、谷川徹三、奥村土牛、中川一政の諸先生のみとなり、梅原先生は淋しそうだった。

（『私の梅原龍三郎』一九八七年）

谷崎先生と「スコット」

ずいぶん昔のことになるけれど、昭和二十五年に、谷崎潤一郎先生原作「細雪」の映画化で、私は末娘の妙子（こいちゃん）を演じた。谷崎先生のご好意で、私は妙子のモデルになった本物のこいちゃんに芦屋《あしや》弁を習うことになって、以来、谷崎家と親しくなった。

伊豆山のお宅に遊びに行くと、谷崎先生はよく、「今日のおひるは『スコット』のビフテキにしよう……」と叫ぶが早いか、せかせかと洋服に着替えてハイヤーを二台呼ぶ。お供は「細雪」の登場人物そのままで、松子夫人（幸子）、渡辺夫人（雪子）、嶋川夫人（妙子）、恵美子嬢（悦子）、そして飛び入りの私、と、女性ばかりだった。

熱海の渚町、糸川のそばにあるレストラン「スコット」は、カウンターの他に二、三の小さなテーブルがあるだけの小さな店で、谷崎一家がカウンターにズラズラと並んで腰を掛けると、もうそれだけで店は一杯になった。食いしんぼうの谷崎先生は美味しい料理でおなかがくちくなると上機嫌になって冗談を飛ばし、美しい和服姿の夫人たちが笑いさざめいて、「スコット」の店中がパッと華やかに浮き立ったものだった。

　谷崎ご夫妻は桜の花が大好きで、それも御所や丸山公園の枝垂桜を見ないと「春になったという気がしない」と、毎年桜の頃には京都まで出かけるのが習慣になっていた。

　けれどあのとき、「スコット」のカウンターに並んだ人々の中から、谷崎先生、そして渡辺夫人、とお二人も欠けてしまった。

　京都、法然院にある谷崎先生のお墓には、先生のお好きだった枝垂桜が一本植えられている。桜は年々生長して、花の頃には墓石におおいかぶさるほどに美しい枝を垂れる。谷崎先生は毎年枝垂桜のお花見をすることはできても、もう「スコット」で好物のビフテキにかぶりつくことはできない。

　それなら谷崎先生の代わりに、私が食べてきましょう、というわけではないけれど、「スコット」がいまなお健在と聞き、懐かしさも手伝って出かけてみた。糸川わきの本館の他に、ご主人のお嬢さんが経営している新館が出来たということで、今日は新館「スコット」へ入る。こざっぱりとした店で感じがよく、おすすめ品のコロッケの味はなかなかに結構だった。


（『旅は道づれ雪月花』一九八六年）

自力回復　台湾薬膳旅行

「宮廷御膳珍品、補益美食専家」という中国料理店は、台北、南京東路のビルの三階にあった。

エレベーターを降りるともう店内で、ガラスのケースの中に、巨大な鱶《ふか》のヒレ、冬虫夏草、鹿の角、乾燥あわびや貝柱、燕の巣、銀耳（しろきくらげの別名）などが陳列されている。どれもこれも眺めるだけでお勘定が心配になるような、とびきり上等な材料ばかりである。

「ココ、若イ人、来ナイノ」と、中医（漢方医）の郭先生に言われるまでもなく、チラリと店内を見回せば、どのテーブルも一見して裕福そうな中高年のお客さんばかりが静かに箸を動かしている。ツユソバ一杯でも「鱶のヒレ入り」などと注文すれば、お金と一緒に目玉も飛び出す寸法になるから、若者にはあまりご用のない店だろう。

薬膳は、「冬蟲夏草炖原隻吉濱乾鮑《トンツオンシアツマオトウンユエンツーチーヒンカンハウ》、兩吃《リャンツー》」という、ひどく長い名前の料理からスタートした。「冬蟲夏草」という漢方薬は読んで字の如しで、冬はミミズのような虫に見え、夏は草のように見える、という薬草で、黄金の味と言われる鮑《あわび》と一緒にコックリと煮込まれていた。太陽の光をたっぷりと吸い込んで、カラカラに乾し上がったあわびを、また水に戻して煮こむと、しっかりとした歯ごたえと旨味が出て、生のあわびやカンヅメのあわびでは到底味わえない「黄金の味」になるという。もちろん、このように贅沢プラス薬効などという料理は昔の中国では庶民には縁のないものだったろうけれど、中国人の「味覚」への執念と鋭さはとてもじゃないけど日本人の比ではない、とつくづくおもう。「兩吃」とは、同じ材料を二通りに調理した、という意味である。

盃をあげながら、郭先生が、「鮑ハ、眼ニヨロシイヨ、血圧モ上ガルシ、頭ニモヨロシイ、ドーゾ、ドーゾ」と、ニッコリした。

中国の人たちは、実にすすめ上手である。日本人のように「お口に合わないでしょうが」とか、「何もございませんけれど」とかいうギクシャクした挨拶ではなく、味より先に、「この料理は、あなたの健康のために召し上がるほうがよろしいですよ」というニュアンスでお客様に箸をとらせる。その心遣いのこまやかさ、巧妙さに、私はいつも感服してしまうのである。

鮑料理の次は、まことに大ごとだった。茶碗蒸しの器のような小さな容器が続々と

運ばれてきた。中味は全部「羹《あつもの》」で、

「淮杞炖甲魚《ツンフェイトウンチャユイ》」

「淮杞炖鰻魚《ツンフェイトウンマンユイ》」

「西洋人蔘炖鶏《シーヤンルンスントウンチー》」

「人蔘炖鶏《ルンスントウンチー》」

の四種類である。「甲魚」はスッポン。「鰻魚」はウナギで、それぞれの器に最高のものは一本百万円もするという高麗人蔘と、強精に効力があるという枸杞《クコ》の実が入っている。「スッポンハ頭ト眼ニ良クテ、ウナギハ肝臓ニ良クテ、人蔘ハスベテニ効力ノアル最高ノ薬デス。デモ、白イ色ノ西洋人蔘ヨリ赤イ高麗人蔘ガ断然ヨロシイ」と、郭豊徳先生は力説する。白色にしても赤色にしても、人蔘はおせじにも「美味」とは程遠く、やはり良薬口に苦し、という感じである。

四種類のスープがようやく片づいた、と思ったら、薄切りの牛肉と袋茸、甘味にパイナップルをあしらった炒めものが現れた。ぐっと目先を変えたというところで、憎い演出である。次の大皿は、中国の上等宴会料理には欠かせない蝦《えび》料理で「淮橙鳳《ツンツウンフォン》尾蝦《ウェイシャ》」。レモン風味でカラリと揚げられた車エビに、ほんの一口「炒飯」が添えられているのは、「メニューはこれでお終《しま》いです」というサインである。

そして、しめくくりは「宮廷唅土瑪《コンティンクアイトウマ》」。中国料理で最高のデザートとされている「燕の巣のスープ」である。断崖絶壁を、命がけで這いまわって略奪してくる燕の巣は、当然ながらゴミだらけで汚ない。燕さんのマイホームを長時間かけて丹念に掃除をし、真っ白に洗いあげて乾燥したものをまた水で戻して氷砂糖を入れて長時間煮込む。こうしてテーブルに上がるまで、いったいどれほどの人手がかかっていることだろうか。燕の巣は「肌を美しくする」といわれて、とくに女性に喜ばれるそうだが、まことに冥利に尽きるデザートである。

とろりと透き通ったスープをちりれんげですくっていたら、不老長寿の薬を求めて八方に人を走らせたという歴代の皇帝の逸話や、食卓に百種類の料理を並ばせたという西太后（一八三五～一九〇八。清の文宗の妃。徳宗のとき、政権を専らにし、反動政策をとった）の名前などがフッと浮かんできた。

歴史といえば、今日の薬膳会のメンバーは、もと歴史博物館館長の王宇清先生。中医の郭豊徳先生と同姓の、もと参議院議員の郭健先生。正確で美しい日本語を話す郭健先生は、箸をとる間もなく私たちの会話の通訳で忙しい。

お料理もさすがに珍品ぞろいの豪華版だったが、客人もまた、「補益、宮廷料理」にふさわしい逸品ぞろいであった。

それにしても、なぜこの席に、私のような、まるでカンケイない人間が座っているのだろうか？　と横目で亭主を窺《うかが》い見れば、最近少々遠くなった耳をチョイとかたむけて、楽しそうに先生がたの話を聞いていた。

我が家の亭主の趣味は「病気」である。

結婚以来三十余年。つきあいの長い女房の私でさえ数えきれないほどいろいろな病気をした。まず、結婚一年目にして「腎臓結核」でひっくりかえり、東大病院に入院、のち三年間、築地のがんセンターに通院して注射を受けた。パス、ヒドラジッド、ストレプトマイシンと、三種併用の注射のせいか、折角の美青年が「アレヨ、アレヨ」という間に半白髪のジジイに変身したのには驚いたが、以来、本格的に夫の「病気遍歴」はスタートを切ったのである。

第一回の手術は、鼻の中の毛細血管の焼きつけ工事で、異常なほどの鼻血ブーが一件落着したと思ったら、今度は二年がかりで体内に虫を飼いだしたらしい。日本国にはもう虫などという大時代なものは居ないというのに「おかしいネ」と思ったら、韓国旅行のたびに好物の生の牛肉ばかり喰べ続け、ついでに虫も仕入れて来た、というわけで、これも入院さわぎの結果、虫には早々に体外へとお出まし願った。

二メーター八十センチのサナダ虫であった。

亭主の病気も、日本国内のことならまだ許せるとして、馴れない外国旅行中の病気には全く閉口する。これは病気というよりアクシデントに近いけれど、あるときロスアンゼルスのコーヒーショップで、ジャイアントハンバーガーに喰らいつこうとした亭主が、突然「アイテテ……」とのけぞった。あんまり大口を開いたので、アゴの骨にヒビが入ったのである。蝶番《ちょうつがい》が閉まったままの亭主は帰国までの三週間、専らスープとスクランブルエッグを唇のすき間から流しこむだけで命を長らえ、全快するまでかれこれ二年ほどかかったようだった。

お次は、ドイツの「ボン」である。ライン川を見下す「ケーニッヒス・ホフ（王様の宮殿）」という、優雅なホテルにチェックインしたその夜半、亭主が突如として、「耳が痛いよォ」とウメき出したのである。とりあえずバスルームのタオルのすべてを動員して耳を冷やし、夜明けを待って大学病院に運びこんだら、成人には珍しい「急性中耳炎」とのことで即刻入院、十日間ののちようやく退院した。

サンフランシスコでは、散歩中に眼玉に鉄粉が突き刺さって、眼科で手術を受け、パリと北京では大風邪をひいてホテルで寝込み、ホノルルでは倒れた耳の鼓膜の立て直しで通院、と、もう忙しいのなんの、その都度看病役にまわる私のほうが、疲労と心痛でブッ倒れそうだった。遂には「水の上なら安全かも？」と、マルセーユから横浜までのフランス船に乗ったら、今度は全身に原因不明の湿疹《しっしん》が出来て、油と粉薬を塗りたくった姿は、キナコをまぶしたオハギさながらで、私は、「どこまで続くヌカルミぞ……」と溜息をついた。「お前サンは丈夫だねえ」と、亭主は皮肉まじりで言うけれど、亭主の看病で忙しい私は「病気をするヒマ」がない内に、何時《いつ》の間にかトシを取ってしまっただけである。

　亭主と私はひとつ違いで、亭主は私より一個若い。が、亭主も寄る年波のせいか、六十歳の坂を越えたとたんに病気のほうもいよいよ佳境に入り、「趣味病気」などとふざけてばかりいられないような深刻なことになってきた。

　二年ほど前から、軽い「脳梗塞《のうこうそく》」の後遺症で、「よだれが出る」の「物を落としやすい」のと、ブツブツ言っていたと思ったら、去年の冬は零下十七度のニューヨークのロケ先で「狭心症」の発作を起こしてブッ倒れた。それでも命からがら帰国して、「ヤレヤレ」と一安心したら、今度は「めまいがする」の「もう眼が見えぬ」のと足もとがフラフラしているので、ヒョイと顔を見たら片方の眼玉が真っ赤っか。眼科へ行ったら「眼玉の裏側に腫瘍のようなものが出来た」とかいうことで即、手術され、眼帯姿もものものしく御帰館になった。当人は「眼玉にキノコが生えちゃった」なんて言っていたが、眼玉の茸じゃ松茸ごはんも炊けやしない。

　かてて加えて、最近は異常なほどの発熱悪寒のくりかえしである。食事中でもあれを脱ぎこれを脱ぎ、これを着てあれを着て、と忙しく、夜寝るときがまたひとさわぎで、毛布から羽ぶとんまでと、ありったけの寝具をひっぱり出してバタバタし、日毎に体調が崩れるばかりである。

それでも、エエカッコシイの亭主は仕事場へ出向くときにはエルメスのアスコットタイにカシミヤの上衣などきめこみ、シャネルの「プール・ムッシュウ」などをプンプンさせて、冷えこみ防止のモヘアの膝かけ持参でお出ましになる。が、帰ってきたときは疲労困憊《こんぱい》のヘナヘナで、家の中をナメクジの如く這いまわった末にベッドにころがりこんで虫の息である。主治医からは「強度の自律神経失調症」という病名をもらってはいるけれど、神経症ばかりは切ったり貼ったりの治療もきかず、森の石松じゃないけれど、いつ「戸板に乗せられて戻って来るかもしれない」と、古女房は毎日が戦々兢々《きょうきょう》である。

そんな女房のドタマの上に、ついに最大ショッキングな鉄槌《てっつい》が下った。

「ボク。ボケちゃったからネ。よろしく頼みまーす」

実を言うと、三十余年も亭主の世話をさせられて、いいかげんガタのきた私は、できれば亭主より一日も早くボケて、せいぜい亭主のお世話になって「もとをとってやろう」と、ひそかに思い企《たくら》んでいたところなのである。それなのに、過去形で「ボケちゃった」とはなにごとか！

「ボケるが勝ち」とはこのことである。

わかめとキュウリの酢のものに、ネギマ鍋、ほうれん草の白あえにだし巻き卵、という典型的な老人食が並べられた我が家の食卓に向かい合っていたときのことである。突然、亭主が「ねえ、台北へ行かないか？」と言い出した。

「台北？　なにしにサ」

「さっき、小川さんから電話があってね」

「ああ、お友だちの小川安三さん」

「彼、台北の有名な漢方医に診《み》てもらっているんだって。松山サンも具合が悪いようで心配だし、一度その先生に診てもらったらどうかしら？　ついでに美味《おい》しい中国料理を喰べて来ようよ。航空券送るからって」

「ふうん、台北ねえ」

「ボクの主治医もね、少し仕事から離れて旅行でもしたほうがいいって言うしサ」

「台北、……三年振りかなァ」

考えてみれば、亭主は今まで西洋医には診て頂いたが中医には一度も診て頂いたことがない。亭主の病状もヒョンなところから道が開けるかもしれないではないか。食事にしても中国には昔から漢方薬をたっぷりと使った「薬膳」という料理もあるという。夫の診察に便乗して、最近、日本国でもそろそろブームになりつつある本場の「薬膳」を、自分の眼で見、舌で味わってみたい。そして時間が許せば、私の大好きな「故宮博物院」へも行って来たい。

「去吧《チュイパ》（行きましょう）！」

と、私は叫んでバンザイをした。

「源美中医診所」は、私たちが泊まった「来来飯店」というホテルの筋向かいにあった。

ソファの置かれた清潔なロビーの棚には、薬名が書かれた白い陶器の器が整然と並んでいる。診察室の大きなデスクの向こうで、紫色のワンピースに大つぶの二連パールも華やかな女性が「コンニチハー」と、ニッコリした。目鼻立ちのはっきりとした美人である。「ええーッ?」。私は仰天した。

小川さんからは、「台湾の、最も有名優秀な漢方医で、中国人でもなかなか予約がとれぬほど忙しく、テレビでも週二回、漢方のレクチュアをしている大先生」と聞いていたので、私はテンから、真っ白いあごヒゲを垂らした八十歳か九十歳くらいの仙人のような老先生だとばかり思いこんでいたのである。

仙人ならぬ美女の郭周美先生は、美しくマニキュアされた三本の指を亭主の手首に置いて目をこらした。真っ白のスーツにストライプのネクタイ、と、これもカッコいいお父様の豊徳先生も立ち会って、気さくに通訳をしてくださる。「三本ノ指デネ、肝臓、胃腸、肺臓、ノ動キガ全部分カルノ」

亭主の両手の甲を見て、周美先生が言う。「眠レナイデスネエ」。掌《てのひら》をキューッと撫でる。「汗カイテイルノハ、水気ガタリナイ。イツモ喉カワキマス」。みんな当たっている。次は血圧の検査。「上百三十、下九十、ダイジョーブ！」と、周美先生はニッコリ、私もつられてニッコリである。

ネクタイをとらせ、亭主の喉のあたりを瞠《みつ》めた周美先生の表情が、今度はちょっときびしくなった。「日本へ帰ッタラ、主治医ト相談シテ、甲状腺ノレントゲン撮ッテクダサイ」「ハイ。分かりました」と、亭主の表情も少々緊張気味である。

診察室の壁には、何枚かの書が掛かっていた。その中の、ひときわ大きい額に「自力回復」とある。たった四文字だが、患者にとって、こんなに心強く、そしてきびしく、優しい言葉はないだろう、と感心する。

てきぱきと処方箋を書きこんでいた周美先生が「ダイジョーブ、心配ナイ」と、明るい笑顔をみせ、豊徳先生が「美味《ウマ》イモノ喰ベテ、リラックス、コレ、一番デス」と、親指をピン！　と立ててみせた。

やんごとなき「宮廷料理」のあと、王先生、郭先生という最高の案内役にくっついて、はじめて「歴史博物館」を訪問。こぢんまりとした建物だが中味は濃く、「唐三彩」の大コレクションには圧倒された。とくに、女性の「俑《よう》（唐時代の副葬品）」の優雅さ、愛らしさ……まさに口福のあとの眼福であった。

売店で、子供が牛を連れて川を渡っているリトグラフを買う。鼻先に浮かんでいる水鳥を見ている牛の眼が、黒々と大きくて、優しい。郭先生がその眼を指さして、「この眼玉は、メガネ、要りません」と、冗談を飛ばした。


「華西街」は、道の両側に食堂と店舗がひしめく賑やかな通りである。

夜ともなれば煌々《こうこう》と輝く電灯とおびただしい人出で、凄い活気だ。目ざすは海鮮料理「台南担仔麵《タイナンターミンメン》」。勝手知ったる小川さんは、魚の水を得た如く、ツイツイと器用に人波を乗り越えてゆく。チラと横の看板に目をやると、「薬燉鼈肉湯《ヤオトウンピエネイタン》」「蛇肉湯《スーロータン》」と大書された店先に、生きたスッポンが這いまわっていたり、大きな金網の囲いの中に、何十匹もの蛇がうごめいたりしていて、やはり、日本国の繁華街とは一味ちがう趣である。「台南担仔麵」は、昔は屋台のソバ売りだったそうだが、いまでは大成功をして、支店を何軒も持つ料理店である。店の前に、今日の材料がきれいに並んでいて、魚が大好きな亭主と小川さんは、眼をランランと輝かせて、あれダ、これダとメニュー作りに忙しい。

ハデな壁紙と、キンキラキンのシャンデリアで飾りつけられた店内は超満員で、活気と熱気でむせかえるような雰囲気である。「オマチド!」と、料理の皿がやって来た。

「茹で上がったばかりの車エビ」「とこぶしのアンかけ」「鰻の蒲焼き」「螺〈にし〉」「ムツゴロウの天ぷら」「鯛の蒸し煮」「蛤のスープ」と「ほうれん草のニンニク炒め」、そして、「担仔麵」。「薬膳料理」では借りてきた猫のようだった小川さんは、突如として飢えたる虎と化し、二つの博物館めぐりでヘトヘトになった私たちも、いまや食欲のオニである。

小川さんの箸が、こってりと焼き上がった蒲焼きに突進する。山盛りの螺と格闘している私の目の前の小皿に、恥ずかしいような速さで螺の貝殻が積もってゆく。

空きっ腹に流し込んだ紹興酒に頰をピンク色に染めた亭主は、わき目もふらず、車エビの殻をひきちぎっては口へポイ！の作業で一心不乱。

「美味イモノ喰ベテ、リラックス、コレ一番」という郭豊徳先生の一言が思い出される。

我が家の亭主も、これだけ食欲があればまず安心。

「台北へ来てよかった」。私はホッと一息ついて、紹興酒のグラスに手をのばした。

（『おいしい人間』一九九二年）

白日夢　北京宮廷料理

＊食はやっぱり中華にあり

北京。平成元年、四月二十一日。

北京空港からまっすぐにのびた青葉の並木路。両側は桃の花のまっ盛りだった。その、春の北京に雪が舞っている。「四月の雪？……」と、車のフロントガラスに首をのばす私の視線をひったくるようにして、サングラスの運転手は荒れ馬のごとき猛烈なスピードで突っ走った。

私たち夫婦は今回で五度目の訪中だが、北京ばかりでなく、中国には道路の信号が少ない。その上、高級車の運転手ほど、まるでそれが特権ででもあるかのようにスピードを上げるから、乗っている客は生きた心地がしない。市内に入ると自転車や人通りも頻繁になり、車をよけて、クモの子を散らすように逃げまどう人々を眼で追いながら、私たちは悲鳴をあげっ放しである。

「事故というものは、起きてしまってからでは後の祭りですからね。まあ、ゆっくりと行こうじゃありませんか」などというこみ入った中国語は喋れないし、そんなことが分かっていればこんなにブッ飛ばすはずがない。それが何より証拠には、私たちが恐怖のあまりに「ギャー」とわめこうが「ヒーッ」と叫ぼうが、バックミラーに映るサングラス氏は全くの無表情である。

北京市内には真新しいマンモスアパートや近代的なビルが続々と建築中だが、ビルとビルの谷間には、いまにも崩壊しそうに軒がかたむき、泥の固まりのような民家がこびりついていて、そこには庶民の生活の姿が見える。

天安門広場を左に見、右に中国の要人たちが住むという中南海地区を過ぎるころ、私たちの乗るロングベンツはようやくスピードを落とした、と思ううちに、二人のガードマンが直立の姿勢で敬礼する大きな門内へとすべり込んだ。手入れのゆき届いた庭の道なりに、ベンツはスルスルと進んでゆく。

眼前に、別世界が開けた。

随所に架けられた石橋の下の流れは美しく、水面に垂れる楊柳《ヤンリユウ》の葉、緑の庭に乱れ咲くピンクの桃の花、バラ、牡丹、タンポポ、すみれ、マーガレット……と一瞬夢の花園にでも迷いこんだようで、桃源郷とかパラダイスとかいう陳腐な形容詞しか浮かんでこないのがもどかしい。人影は、全くない。門外の風景とのあまりの違いに呆然としているうちに、ベンツは洋風二階建てのドッシリとした建物の車寄せに到着した。

「ここが今回の私たちの宿舎なのだろうか?」。私はおそるおそる車から降りた。入り口に、服務員と呼ばれる二、三人の若い男性がなんとなく突っ立っている。なんとなくというのはヘンだが、客が到着したからといって、日本のホテルのボーイのように「いらっしゃいませ」でもなければ、飛んできてスーツケースを持ってくれるでもなく、「出来れば自分たちでやったらどうォ?」という態度である。

広いホールから古風なスタイルのラセン階段があるのみでエレベーターはない。それでも日本から同行した年長者のライさんが、半分ニッコリ、半分は命令口調で二階の客室まで荷物を運ばせてくれた。十部屋ほどのドアの並んだ二階にも人影はなく、静かというより少々不気味な感じである。

天井の高い、十坪ほどの部屋には、ごく簡単な机と椅子と薄暗い電気スタンド。二つのベッドには古びたサテンのベッドカバーが掛かり、バスルームにはあまり清潔とはいえないようなタオルと、申しわけ程度の歯ブラシ一本と櫛が一個置いてある。まあ、あるべき物はあるのだが、なんといおうか「サーヴィス精神皆無」といったホテルである、といいたいが、考えてみればこの宿舎は、誰もが気易く泊まれるホテルではない。

「釣魚台国賓館（DIÀOYÚTÁI STATE GUESTHOUSE)」という国営の迎賓館で、日本国でいえば「赤坂離宮」、つまりお役所の一部なのである。そのようなやんごとなき宿舎に、なぜ私たちのような場ちがいの安物夫婦が泊まることになったかは、いずれ書くとして、「国営だからサーヴィスなしなんて、そりゃないいんじゃないかしら?」と、私は部屋の中を機嫌の悪いパンダのごとく、ゆきつ戻りつしながら首をひねった。

このホテル……ではない、迎賓館のドアには、はじめから鍵がない。鍵の代わりに手渡されたのは、五センチ角ほどの黄色い紙片だけだった。表には金文字で「通行証」とあり、裏には「一九八九年。四月二十五日 止」とある。この通行証の所持者に限り、釣魚台内の歩行を許可する、ということらしい。

鍵といえば、広東でも一度鍵のないホテルに泊まったことがあった。一九六三年の秋、中国政府からの招待を受けた私たちは、生き馬の目を抜くといわれる香港から汽車で中国本土に入った。案内役は、中国随一といわれる高名な俳優の趙丹《チヨウタン》、通訳の王効賢女史、映画演劇評論家の程季華先生の三人で、広東では温泉に入り、北京では撮影所を見学し、上海では趙丹の家で洋澄湖のカニをご馳走になり、蘇州では寒山寺を見物し、杭州では西湖で舟遊びをするなどと、こよなく楽しい旅行をさせてもらった。

広東の迎賓館は、「釣魚台国賓館」とは比べものにならない小規模な別荘風の洋館だったが、案内のボーイさんは、部屋へ荷物を運んでくれたあと、ドアの外側の鍵穴に大きな鍵をつっこんだまま行ってしまった。「散歩でもしようか」と外へ出て鍵をガチャガチャやっていると廊下に立っていたボーイさんがついと手をのばして鍵を取り、また鍵穴につっこんでニコリとして首を振った。どうやら「鍵をかける必要はない」ということらしい。私たちは鍵穴にぶら下がってゆれている鍵に心を残しながら散歩に出たが、私たちが広東の迎賓館を離れるまで、鍵は鍵穴にぶら下がったままだった。

広東の、鍵のない迎賓館に泊まってから二年経った一九六五年から、文化大革命がはじまり、私たちの敬愛する趙丹は、ある朝、上海の自宅から紅衛兵に連れ去られたまま、田圃《たんぼ》の中の一軒家にたった一人で五年三カ月の間監禁された（江青が、まだ「藍蘋《ランピン》」という芸名で映画界にいたころ、当時既に大スターだった趙丹の相手役になったことがある、というだけで、本当の理由はなにがなんだか分からない）。

四人組の追放後、ようやく解放された趙丹に会うために北京へ飛んだのは、趙丹と別れてから十年目、突然音信不通になった趙丹の安否を案じ続けていた私たちにとって、文字通り、涙と狂喜の再会だった。趙丹は、紅衛兵になぐられたという右眼の後遺症による眩暈《めまい》に悩まされながらも、その後、再度の映画代表として来日し、麻布のわが家も訪ねてくれたが、それから間もなく「上海の病院に入院しているらしい」というニュースが入った。

「どこが悪いのだろう？　容態はどうなのかしら？」

電話も手紙も、おいそれとは用を足さない中国情報不足にじりじりしながら、入院中だという趙丹のお見舞いに「せめて膝掛けの一枚でも」と思いついた私は、ある日小さな小包を作り終えてヒモを掛けていた。

「上海の撮影所に送れば、趙丹の手に渡るかしら？」と考えていたときに、電話のベルが鳴った。日中友好協会からの電話で、「趙丹さんが昨日、上海の病院で亡くなりました。病名は癌でした」とのことだった。

私は、膝の上に、宛て先を失った小包を載せたまま、しばらく石のように座っていた。私たち夫婦が、心底敬愛していた、かけがえのない老朋友《ラオポンユウ》を失った、という実感や悲しみはまだ湧かず、ただ趙丹の面影だけが断片的に浮かんでは消えた。

いまを去ること三十四年前、中国の映画演劇代表団長として来日し、わが家を訪れてくれたときの趙丹は四十五歳。山東人特有の、上背のある立派な身体、丸顔に含羞をたたえた人なつっこい眼、そして団員たちの人民帽と人民服の中で、ひときわ目立つベレー帽と赤いネクタイとトレンチコートが、スマートな趙丹によく似合っていた。

解放後に再会したとき、北京の街角で、突風に吹き飛ばされそうになった松山と私を、ガッシリとした両腕に抱えて歩いてくれた趙丹。上海撮影所の試写室で、趙丹主演の

「阿片戦争」や「聶耳《ニーアール》」を観たとき、試写室の隅っこに座って、恥ずかしそうに小さくなっていた趙丹。京劇「楊門女将」を撮影中のスタジオで、ベレー帽のままの飛び入りで、見事な京劇のふりをみせてふざけていた趙丹。趙丹の思い出は、それからそれへとキリがないが、文革後の再会以後、私が思い出す趙丹は、自分のこの眼で確かめたわけでもないのに、なぜか、田圃の真ん中の物置小屋に閉じこめられている、暗い表情の趙丹ばかりであった。

　趙丹の口から直接聞いた監禁中の話が、あまりに強烈だったからかもしれない。

　趙丹が監禁されていた田圃の中の掘っ立て小屋というのは、二坪ほどの土間で小さな明かりとりの窓がひとつ。板戸にかけられた鍵が外されるのは、日に二回、粗末な食事が放りこまれるときだけだった、という。五年三カ月間、家族との連絡もとれず、一歩の散歩も許されず、第一、自分が監禁されている理由も分からず、また、見張りの紅衛兵の少年たちも趙丹の「罪状」など知るよしもなかっただろう。

　世の中には理不尽なことはたくさんあるけれど、俳優として最も充実するはずの、五十歳から六十歳という大切な時期を、わけも分からず独房で過ごさなければならなかった趙丹の無念さは、俳優のはしくれである私にもよく分かる。板戸に取りつけられた一個の鍵は、趙丹を完全に社会から隔離して、長い歳月を奪った。「鍵」というイメージから、私たちはつい、わが身の安全を守る、自己防衛のための道具と思いやすいけれど、鍵はまた、他人を徹底的に迫害する凶器でもあるのだ。

「釣魚台国賓館」で鍵の代わりをつとめるのは「通行証」だが、通行証の向こうには鍵よりもっと強い力を持ったたくさんの眼が光っているかもしれない。

「釣魚台国賓館」には、四十万平方メートルといわれる敷地に、新旧合わせて十九棟の客室がある。代々の皇帝の離宮として使われていたが、金の章宗皇帝が、池に土台を築いて釣りをしたことから「皇帝の釣魚台」と呼ばれるようになった、という。ラストエンペラー「溥儀」がこの林苑を自分の恩師に下賜してから、十五棟の造型の異なるビルディングが新築されて、かつては毛沢東や周恩来も滞在し、キッシンジャーの宿舎にもなった、という。私たちの宿舎はその中の第四楼である。

午後七時半からの会食は、徒歩で十分ほどの第五楼の賓館で、とのことで、七時十五分すぎに隣室のライさんと三人で外に出る。相変わらずどこにも人影はない。

第五楼の広い宴会場には、私たちと前後して北京に到着した、香港在住の、これも趙丹と同様二十五年来の老朋友である伍《ウー》夫妻が待っていてくれた。人間というのは不思議なもので、同じ日本人同士でもまるで歯車が嚙み合わぬこともあれば、伍さんのように広東生まれの香港育ち、言葉は広東語と英語、こちらは全く日本語のみ、と、ほとんど話が通じ合わなくても二十五年以上も交際が続いている、という例もある。

広東人はZ《ゼット》の発音が出来ないから、「善三」はいつまでたっても「センソ」であり、「秀子」は「ヘデコ」である。伍さんは香港でも有力なレストランチェーンの重役で大の喰いしんぼう、私たち夫婦も負けずおとらずの喰いしんぼう、というその一点だけが、どうやらおつきあいの接点であるらしい、不味《まず》いものを食べたときはお互いに顔をしかめ、美味《うま》いものを食べたときは目と目でうなずき合って、親指を立てる。まこと、君子の交わり水のごとく、表も裏もなく、心の鍵も開けっ放しの間柄である。

「美味い北京料理を食べにゆきましょう」

という伍夫妻の簡単な手紙が、今度の北京旅行の発端だった。今回のグループのメンバーは、伍夫妻と、伍夫妻の次女の姑であるカナダ在住、優雅な物腰の中国女性のクララ・ルイスさん。私たちと東京から同行した、日本在住五十年を過ぎるというのに日本語はまるでダメ、という、春風駘蕩《たいとう》、大人の風格を持つ実業家のライさん。ビルマ大使夫人で英語、北京語、広東語を使いこなす上海生まれのリリイ・レヴンさん。そして主賓のクレイグ・クレイボーン氏と、私たち夫婦の八人である。

リリイの友人であるクレイボーン氏は、『ニューヨーク・タイムズ』に食に関する文章を提供している著名な食味評論家である。中国語では「美食専欄家」、英語なら「FOOD CRITIC」ということになる。

年のころは七十歳ばかり、白髪長身の、物静かなアメリカ紳士であった。自らも料理を作り、フランスで勉強し、食に関する本も数多い。が、中国料理にはまだ手を染めたことがない。それならどうぞ……というわけで、今回のグループに招待されたようである。仕掛人は伍さんで、主役はクレイボーン氏。私たちは単なるお相伴という役まわりだから気楽なものである。

北京料理といってもピンからキリまでの味がある。ニューヨークから遠路はるばるやってくるクレイボーン氏に、最高の北京料理を提供したい、と、伍さんは近ごろ少々髪の毛が薄くなった大きな頭を悩ませたにちがいない。

当たり前のことだが、最高の味を作り出すのは最高の厨師《コック》である。そして最高のコックが居るのは最高の調理設備のある最高のレストラン、ということで、ひたすら最高を追いかけたどんづまりに、「釣魚台国賓館」がデン！　と鎮座ましましていた、ということかもしれない。

正式な北京料理のコースは、「宮廷料理」の名残で、なんでもかんでも大皿に盛られて食卓に運ばれる、という、日本人の中国料理のイメージとはかなり違う、繊細にしてかつお上品、というのが北京料理の特徴である。

今夕のメニューは、上海、広東の味もとり入れた北京料理である。まず、一品一箸ほどの前菜の小皿が七品現れた、と同時に、小さなロールパンが一個ずつサーヴされたのには驚いた。「中国料理にロールパン？……」と、自分の眼を疑った私も、そうそう、ここは迎賓館だったっけ、ここで食事をするほとんどの人は外国からの賓客なのだから、洋風の配慮も必要なのだな、と納得がいった。そう思うとこれからのメニューが楽しみになってきた。

前菜の小皿も、「アヒルの水かき」「トマトの薄切り」「イカの細切り」「小エビの唐揚げ」「キュウリの細切り」「えのき茸の醬油煮」「高野豆腐の細切り」で、中国料理には珍しく生野菜が二品入っている。

白ワインで乾杯のあとに現れたのは、蓋つきの小さなポットに入った亀のスープで、これもチキンスープや貝柱などで味つけされて少々西洋的な味に仕上げられていた。

二品目は、上等宴会料理には欠くことの出来ないご存知「鱶《ふか》のヒレ」の羹《あつもの》で、普通は姿煮が最高とされているが、今日のは鱶のヒレを細かくほぐし、豚肉、鶏肉、牛肉の三種の肉の糸切りと一緒に煮こんである。「三絲魚翅」というのがその名前で、私もはじめてお目にかかる素敵な料理であった。

三品目は小さなグラタン皿で、魚の切り身のチーズ焼きがフツフツと煮えたぎっている一品で、これも間違いなくアメリカ人のクレイボーン氏を意識しての料理だろうが、中国料理とは程遠い味だった。カラリと揚がったエビフライの次は、「龍井《ロンジン》豆腐」という逸品で、豆腐を上等な龍井茶で煮こんだ、淡白、かつ品格のある料理で、心なしかクレイボーン氏の目が輝いたように私は思った。

とどめの一品は、厳選されたドライフルーツや木の実を蜜で炊きこんだ濃厚な「八宝飯」。四種類の中国菓子と果物の盛りあわせで食事は終わった。

四月二十二日。

午前九時から十時まで、「先日死去した中国の要人、胡耀邦の葬儀がテレビで放映されます」とのことで、全員が伍さんのスイートに集まってテレビを見る。

しばしばクローズアップされる、直立した鄧小平は全くの無表情である。簡単な弔辞の朗読のあと、長い行列を作った要人たちが、透明な覆いの中に横たわる胡耀邦の遺体のまわりを巡って、静かに会場から立ち去ってゆく。物音はいっさい入らず、同じような場面のくりかえしが延々一時間続いて、不意に画面が消えた。

突然死とは聞いていたが、表情はおだやかで唇には赤みさえある胡耀邦の、死化粧だけが印象に残った。

胡耀邦の死については、ポツポツとニュースらしいものも耳に入ってくるが、どれも判然としない情報ばかりで、外国人である私などにその真相が分かる筈もないし、詮索の必要もない。たったひとつ分かっているのは、胡耀邦の死が「葬儀」という鍵をかけられて「過去」という彼岸のかなたに送り出されてしまったことだけである。

うらうらとした春の陽ざしの中に、またも空港からの車の窓外に見た風花のような白いものが舞っている。それらはかすかな風に舞い上がるでもなく落ちるでもなく空中に漂う。地面に落ちた綿毛のようなものは、ころころと転がりながら毬《まり》のようになって道路の端に吹きよせられてゆく。伍夫人が、

「楊柳の綿種子よ。中国語では柳絮《リユウジヨ》、英語ではウイロウボール。ヘデコたちはいい季節に来てラッキーだった。北京の春でも柳絮が舞う日は一週間とないのだから」

という。なるほどこれは綿種子だったのか。子供のころ、タンポポの綿種子は見たことがあるけれど、マリンスノーのように白く降りそそぐ楊柳の綿種子を見たのははじめてである。松山と私は、ころころと転がりながら雪ダルマのようにふくらんでゆく柳絮を追いかけて走り、その固まりをすくい上げた。柳絮の玉はほっかりとあたたかく、柔らかく、春風の中でフワフワとほぐれて掌からすり抜け、八方へ飛び散っていった。

「センソ、ヘデコ、クラブを見にゆこう、あのビルだから」

と伍さんが指をさした。そこに三階建てのビルが見える。私たち八人はゾロゾロと歩き出した。

「クラブとはなんぞや？」

と近よって見れば、なーるほどビルの正面に「倶楽部」と書いてある。それもヒョロヒョロとしたネオンサインだ。このビルの支配人らしき男性が、まず案内したのは

ステージのある広いホールだった。ミュージックボックス、マイクロフォン、スピーカー、中央に踊り場、ゆったりとしたティーテーブルと、止まり木のあるバー。「倶楽部」というのはどうやら「釣魚台国賓館」に宿泊する人の娯楽場という意味らしい。が、どこもかしこも新品のピカピカで、人が座った跡形もない。回廊に沿って歩く。人影はなく、天井に響くのは私たち八人の足音だけで、まるで新品だらけのゴーストタウンをゆくようである。眼の前に、今度はプールが現れた。ガラス張りの天井、三十メートルの温水プール、受付、脱衣室、シャワールーム、と完璧な設備である。そのお隣がサウナバス。そのお隣に種々の器具の揃った広々としたジム。そして撞球室とボウリング場……。はじめのうちは「へええ」とか「ふうん」とかとお愛想笑いをしていた私たちは、少しずつ不機嫌になっていって、ついには黙りこんでしまった。誰かが「もう分かったよ」というような大きな溜息をついた。

撞球場の隣にある美容室に入ってみる。ズラリと最新式ピンクの洗髪台が並び、日本の「タカラ椅子」の行列である。シャンプー、リンスなどの瓶はまだ口もあけられていない。不意に一人の若い女性が現れた。白い上っ張りを着たその女性《ひと》は、多分美容師だったのだろうが、誰も居ないと思いこんでいた私は仰天して飛び上がった。朝から「葬儀」のテレビなど見たので、どうやら神経がおかしくなっているらしい。

「釣魚台国賓館」は、目の玉の飛び出るようなお金さえ出せば、観光客もうけ入れる、とのことである。が、かりに大勢の観光客が押しよせたとして、これらの設備をフルに回転させてお客をさばくだけの用意が、中国側にあるのだろうか……？　いやそんな心配まで私がすることはない。それこそ余計なお世話だろう。

　突然の女性の出現にビックリした私が、もっとビックリしたのは、美容室の隣の「娯楽室」に入ったときだった。ふたつ並んだ立派な碁盤の隣に据えられていたのは、日本製の電動式「麻雀台」だった。台についたスイッチを押すと、牌《パイ》がガラガラと台の中へ落ち、再び整然と並んだ牌が四方にせり上がってくるという、日本人ご愛用の麻雀台だが、どこの誰がここで麻雀を楽しむのだろう？　シャンデリアの下がったホールでカラオケを楽しみ、この部屋で徹夜麻雀に興じる金持ち日本人観光客の姿が彷彿として、私もなんとなくタメ息をついた。

　わが夫・ドッコイ「センソ」は水泳が好きだから、旅行先へはいつでもスイミングパンツを持参する。倶楽部の支配人に、「プール使用」の許可をとってきたらしく、パンツを持って「ちょっと泳いでくら」と、出ていった。と思ったら、三十分もしないうちに戻ってきた。

「プールの脱衣室にロッカーがあったんだ。洋服を入れて、鍵をかけた、はいいけれど鍵をあずける人間がいない。しようがないから鍵のヒモを手首に巻きつけてシャワーを浴びようと思ったら水が出ないし、タオルもない。しかたがないからプールの水をペチャペチャと身体にかけてから泳いだけどサ。たった一人の水泳なんて、贅沢っていえば贅沢かもしれないけど、泳いでいるうちになんだか気味悪くなっちゃって逃げてきた」

どうやら、「倶楽部」という建物は、いまのところ単なる観賞用のためであるらしい。

今日の昼食は、釣魚台から車で二十分ほど、中南海の裏にある北海公園の「仿膳《ファンシアン》飯荘」である。「仿」は模倣、「膳」は宮廷の膳所という意味のことで、「宮廷料理もどき」とでもいおうか、北京を訪れる観光客なら一度は足を運ぶ有名レストランである。私も、はじめての中国旅行のときに来たことがあるけれど、当時とくらべると今日の北海公園はすっかりサマ変わりをしていて、園内には菓子や軽食の売店が並び、北海には白鳥をかたどったたくさんの小舟が浮かんで、家族連れで賑わっていた。

宮廷料理の特徴は前菜の品数が多いことで、今回も七品の冷菜が運ばれた。ときには十品以上の前菜の小皿が並ぶことがあるけれど、ピーナッツ一個でも一品、キュウリひときれでも一品なのだからたいした量ではない。正式な宴会ではスープも二度出るが、これも小さな容器に、口に入ってしまいそうに小さなちりれんげがそえられていて、いかにも宮廷料理の名残を感じさせる。

紫禁城（現在の故宮博物院）での、歴代皇帝の食卓には、常時五十品から八十品の料理が並んだというが、多分、小皿に乗るほどの少量だったにちがいない。調理場から、毒見役の許可を得て、何十皿という品数を並べるためには、必然的に冷菜（冷たい料理）が多くなる。温かい料理といえば羹とスープくらいだったかもしれない、と私は思う。日本料理でも、冷めても美味しい料理のほうが熱い料理を作るよりむずかしいし、手間もかかる、と板前さんから聞いたことがあるけれど、北京料理の前菜も、素材を生かした素直な料理が多いから、味つけにもいっそう工夫が要るのだろう。

　紫禁城の中には約四百人のコックが働いていた、という。そのうち、皇帝の膳部を賄うコックは四十人ほどだったとか、話半分にしてもおそろしいような贅沢さである。「仿膳飯荘」の金ピカの部屋で、好物の鴨掌（アヒルの水かき）をしゃぶりながら、清王朝の西太后は鴨の掌ならぬ鴨の舌が好物で、鴨の舌ばかりを集めさせてしゃぶっていた、という話を思い出した。鴨には舌がひとつ（一本というべきか?）しかないから、こんな贅沢な料理はないだろう。皿に盛り上げられた鴨の舌を、一本、また一本としゃぶっている西太后を想像すると、なんとなく化けものじみていて気味が悪いが、内心ちょっと羨ましい気がしないでもない。

　今回の「仿膳飯荘」のメニューは「観光客用デモンストレーション」が多い上に、何組ものテーブルをさばき切れないためか、サーヴィスもギクシャクと乱暴で、ゆっくりと食事を楽しむ、という雰囲気ではなかった。

「料理」の第一条件は、作り手のヤル気、つまり活気だけれど、活気と乱暴とはまるで違う。活気は食欲を昂揚させてくれるが、乱暴は食欲まで減退させてしまう。クレイボーン氏の眼にも輝きはなかったようである。

天安門広場のはす向かいに、「人民大会堂」という大理石造りの立派なビルがある。中国の要人の大会議や、要人と外国の賓客との公式会見、宴会の接待などに使われる国営の建物で、私も当時の要人だった廖承志さん主催の歓迎晩餐会に招待されてご馳走になったことがある。

今夕は、趙丹ならぬクレイグ・クレイボーン氏にエスコートされて、大会堂への階段を上る。広大な宴会場には真紅のじゅうたんが敷きつめられ、会場の四方の壁は、中国の少数民族の生活が描かれた壁画で埋められている。この建物の中で、最もカラフルな宴会場だろう。主催は伍さん、四十人ほどのゲストは伍さんの友人、知己、そして今回の旅行でお世話になった、中国民航、銀行関係の人たちらしい。

中国の大宴会の習慣では、男性は男性、女性は女性とテーブルが分かれる。男性のテーブルはワイン、紹興酒、茅台酒《マオタイ》、ウイスキー、と、酒が入るにつれて話題もはずみ、盛り上がってゆくが、女性のテーブルは酒を控えるのでひたすら食べることのみに専心するほかはない。選びぬかれた十品コースの中の逸品は「あまりの美味しさに佛もビックリして垣根も飛び越える（佛跳牆）」というスープだった。

食後、テーブルを離れると同時に壁画のある一方の仕切りがスルスルと開けられ、ドッシリとしたカーテンが現れた。カーテンの向こうには窓があるに決まっている。私は何の気なしにカーテンを引いて天安門広場を見下ろした。街灯の光量が少ないのではっきりとは見えないけれど、人民英雄記念碑に強いライトが当てられて、そこだけが浮き上がって見え、台座によじ登った何人かの人影がうごめいている。演説でもしているのだろうか……薄暮の中に、記念碑をめがけて、四方八方から黒蟻のように人々が集まってくる。速度が異様に速い。が、眼が馴れるにつれて、「あ、自転車に乗っているからだ」と分かった。

四十万平方メートルもあるという天安門広場は、続々と集まるおびただしい自転車の影で、たちまち黒々としてきた。記念碑には胡耀邦の大きな胸像写真が飾られている。

食後酒に頰を染めた私たちの和やかで温かい雰囲気とは全く別の空気が窓の外には流れているようだった。

窓外を見下ろす人々は、口には出さないが、誰もが、「そこで何かが起こっている」と感じた様子である。私の胸には、「釣魚台国賓館」の豪華な庭園や娯楽場を見たあとの、なんとも表現できない、ザラついた感覚が再びつきあげてきた。誰かが、会場のライトを半分ほど消し、人々の足は自然に出口に流れて、おひらきになった。

四月二十三日。

国賓館の中の美術館である第十二楼を見学後、昼食をとる。

点心の最初に、「炸饊子」という揚げものが出た。細い麺を五、六本まとめた束を三センチほどの長さに切って唐揚げにした軽い料理で、周恩来の好物だった、という。

食後、サンルーム風の広いサロンで、昼食の調理をしてくれたコックさんたちにクレイボーン氏がインタビューをする。真っ白いユニホーム姿、料理ひとすじに生きてきた彼らの表情はカラリと明るく、誇りと自信に溢れていて、見ていても気持ちがよかった。クレイボーン氏は、小さなノートにメモをとる。「後継者の教育については？」という質問、コックさんたちは、一瞬顔を見合わせ、われ先にと身を乗り出した。

「私たちは子供のころから調理場で働いて、身体で料理を覚えてきました。でも、いまの若者たちは始末が悪い。ちょっと叱ればすぐにやめてしまう。精神がなっていない。そんなことではダメなのだ」

この言葉はそっくり現在の日本国にも当てはまりそうだ。いずこも同じ秋の夕暮れ、である。

四月二十四日。

昼食後、再び荒れ馬ベンツにうち乗って、ヒヤヒヤしながら北京空港へと向かう。もう雪のような柳絮は飛んでいなかった。VIPルームに落ちついたところに、われわれの搭乗機は「管制塔の指示を待つ」というアナウンスがあった。機は三時間おくれてようやく離陸した。成田着は午後十時を過ぎていた。

帰国後テレビのニュースは連日、天安門広場の無惨な光景を映し出す。「釣魚台国賓館という奇妙な箱の中で過ごした、あの三日間は、いったいなんだったのだろう？もしかしたら、春の北京で見た白日夢だったのかもしれない」と、私は思い、これを書いた。

（『潮』一九八九年十一月号）

*食はやっぱり中華にあり

上海料理の「大観苑」

私たちは、他人から見ればヘンな夫婦かもしれないが、麻布にわが家がありながらもときどき都内のホテルに泊まりに行く。一日中、ひっきりなしに鳴り響く電話のベルから逃げ出すためもあるし、なんとなく気分転換に、ということもある。お互いに原稿用紙と筆記具を持参でホテルに泊まりこみ、ホテルの食事にゆきづまるとわが家からお弁当を出前してもらったりするのだから、やっぱり少々変ってる、と思われてもしかたがない。

東京の「ホテルニューオータニ」にはまだ泊まったことがないけれど、福岡の「ニューオータニ」は私のひいきホテルのひとつである。

ロビーの壁面を飾るのは、アイズピリーさんというフランス人画家描くところの「博多どんたく」をテーマにした群像で、鉢巻き姿の日本男子たちの全員が西欧人みたいな顔をしているところがご愛嬌《あいきよう》だ。

ホテルの中にある中国料理でおすすめしたい店のひとつに、当ホテルの「大観苑」がある。東京の「大観苑」も美味しいけれど、福岡店も中国人のコックさんが頑張っていて、嬉しくなっちまうほど美味しいのだ。「ホテルは泊まるところでしょ？　なにサ、食べることばっかり……」と言われそうだけれど、日本国の大ホテルはいまや「ハタゴヤ」変じて一大娯楽場と化して、美味しい食堂の揃っていないホテルなんざお呼びがない、という時代である。

いいえ、食べ物ばかりではなく、当ホテルの部屋もまた結構で、私の好きなのは、セミスイーツとでもいうのだろうか、飛行機ならエコノミークラスとファーストクラスの間のエグゼクティブクラスてなところで、それほど豪華ケンランとはいかないけれど、スッキリとして調度も上等、そして、なによりありがたいのは照明設備がたっぷりとして、つまり明るいのが嬉しい。「電灯をつければ明るくなるのが当りまえ」だけれど、これがなかなかそうはいかなくて、ふつう、ホテルの部屋というものは、なぜか照明の光量が足りなくて薄暗く、書き物も出来ず、お化粧もしにくくて困ってしまうのだ。私たちのようにオジン、オバンになると自然に目が薄くなって、暗いのが苦手になるらしいけれど、今後はますます高齢化の時代、他のホテルの電灯も「ニューオータニ」に見習って、パッと明るくなってほしいものである。

「大観苑」は上海料理なので、上海料理ならではのメニューを物色、「新筍《たけのこ》と生海苔のから揚げ）と「ナマコと豚肉の煮込み」、魚は小さめの「金目鯛の蒸し煮」を注文する。筍はまだ小指の先ほどで、いたいたしいほどに柔らかく、歯にさわっただけでホロリとくだけ、ナマコも豚肉もとろけるような舌ざわりで美味しかった。上海料理でこの料理が美味しければ、その他の料理もまず及第点とおもって間違いはない。

私たちは香港へ旅行すると、必ず上海料理店に駆けつけて、「紅焼大海参《ホンシャオタイハンセン》（大ナマコの煮込み）」を食べるのを楽しみにしている。

食用にされるナマコは「マナマコ科」に属する体長三十センチにも及ぶというマナマコと「キンコ科」に属するキンコの二種で、中国料理では煮て乾燥したキンコをもどしてから煮込むのだが、香港の「大上海飯店」のナマコは文字通りの「大海参（大ナマコ）」で、大皿に溢れんばかりのナマコはゼラチン質でねっとりと濃厚で、箸にかからぬほど柔らかいのでスプーンですくいとって口に運ぶ美味しさといったら、他に比べようのない美味である。頭もシッポも分らない、あのケッタイなナマコの姿形を思い浮かべると、最初にナマコを食べた人はさぞ勇気が要っただろうな、といつも考えるのだが、それにしても、ナマコを天下の珍味と呼ばれるような料理に仕上げた中国人の知恵には全く脱帽である。

「ナマコ料理がこんなに美味しいのなら、フカのヒレの紅焼も絶対に美味しいねえ、ボク、フカヒレのソバ食べちゃおうかな」と、すっかり「大観苑」にノッている夫・

ドッコイに、私は断固としてストップをかけた。

フカヒレソバというのは、中国ソバの中でも最高に贅沢で、食道楽のお金持ちが食べる「汁《つゆ》ソバ」である。ご存知、鱶《ふか》のヒレの姿煮は、上海料理のメニューには欠かせない珍味中の珍味だけれど、一人前ひと切れで二千五百円がとこのお値段である。中国の贅沢老人などは、フカヒレを二人前と、「光面（具の入っていない汁《つゆ》ソバ）」を注文して、ソバの丼の中に無造作にフカヒレを全部流しこんで、いと満足げにすすり込むのだ。中国ソバといってもピンからキリまであるけれど、まずフカヒレソバほど高価、かつ美味なソバはない、と私はおもっている。

いえ、フカヒレソバが高価だから、というそれだけの理由で、私は夫を阻止したわけではない。腹も身の内、ということがある。「夕食の『和多伴』が、あと五時間あとに控えているじゃないの、お互いにトシなんですぜ」。最後のひと言は効果的で、テキは一瞬黙ったが、といってあきらめたわけではなく、片手をチョイと上げてボーイさんを呼んだ。

「明日のおひる、ボク、フカヒレのおソバを食べます。うんと美味しいのを作ってね、って、コックさんに言っといてください」だって、「よういわんわ、もう……」、である。

（『旅は道づれ雪月花』一九八六年）

＊食はやっぱり中華にあり

チャイニーズ・カリチュア・プラザのお粥屋

　ワイキキがオアフ島の表通りなら、ダウンタウンは裏通りである。ワイキキからバスに乗って、わずか二十分ほどの距離だけれど、観光客の姿はほとんどみかけない。銀行、商店、デパート、マーケットもあって、昔はここがハワイの中心地だったそうだけれど、いまではさびれて表通りという感じは全くしない。

　街ゆく人々はみんな「パラダイス・ハワイ」のための裏方、下働きだから呑気な水着姿など見られず、なりふりかまわぬハワイの素顔が、ここにはある。もちろん物価もワイキキよりはグンと安い。メーン・ストリートであるキング・ストリートからちょっと横道に入ると、あまり清潔ではない昔風の「散髪屋」「ビリヤード」「古本屋」「仕立屋」「一膳めし屋」、そして小さな映画館やポルノ劇場や、あやしげな酒場や「刺青屋」などがあって、昔の港町の雰囲気が残っている。日系人の店も多いが、中国人が経営する食料品店や雑貨店、中華料理店からお粥屋までが軒を並べた中国エリアは、まるで香港の裏町へでも迷い込んだような気がする。

ダウンタウンには日系人をはじめ、中国人、韓国人、フィリピン人、ハワイアンなどが住んでいるから、マーケットには豚の臓物から脚、魚のアラから鶏のツマ先？まで何でも揃っているし、カイラン、チョイサム、シャンツアイなどの中国の野菜もある。日本のキュウリや長ねぎ、新しょうがやみょうが、枝豆、キムチやラッキョウまでが手に入るからびっくりする。こんな風に書くと、いかにも台所仕事にはげみ、いそしんでいるようだけれど、実はその逆で、なるべく手ヌキをして時間をかけず美味いものを、と思うから、せめて材料だけでも目先の変ったものを追っかける、ということで、尚いそがしいだけである。

寄る年波は争われず、このところめっきりオジンとオバンになった私たち夫婦は情けないほど食欲も落ちて、たまにドレスアップをしてレストランなどへ出向いても、さて、馬が食うほどに量の多いサラダと、大皿からハミ出して垂れ下がっている直径二十センチもあるロースト・ビーフを見ただけで、食べない内からアゴがだるくなっちまう。というより、正直に言えば、食べものの好みもトミに頑固になって、わが家の食卓に好みのおかずをチョビチョビと並べて、ウダウダ言いながら一杯やり、そのままドタリとひっくり返って寝てしまうというほうがよくなっちゃった、というのが本音なのである。昔、昔のその昔、新婚ホヤホヤのハワイ旅行のように、小鳥と共にはね起きて、ワイキキの隅から隅まで駆けまわってショッピングを楽しみ、特大ステーキに満腹して砂浜に寝ころがり、「ホラ、今日はこんなに焼けたわョ」なんてウハウハ言っていた若さがまるで嘘みたい。六十歳に近い今はもうそんな元気は御座無く候である。

「サンドイッチですか」と馬鹿にしてはいけない。ダウンタウンはサウスキング通りの「THE PATISSERIE」はハワイ随一のサンドイッチ・ハウスで、ここで好みのサンドイッチを注文すれば頬っぺたが落ちる。同時にアメリカの豊かさを実感する。一人前二人で十分。

チャイニーズ・カリチュア・プラザは、広々とした中庭を囲んで、中国の商店や飲食店が軒を並べている、その入口に等身大の「孫文」の彫像が立っていて、台座に「四海之内皆兄弟也」と刻まれている八文字が印象的だ。中国人たちの憩いの場で、私のお目あてはヒスイの並ぶ宝石店でもなければお土産店でもなく、一軒の小さなお粥屋である。入口に「香港粥麵家」とあって、香港から移住してきた若い広東人の夫婦と、奥さんの妹との三人がコマネズミのように立ち働いている感じのいい店である。私はたいてい鶏肉入りのお粥と雲呑《ワンタン》、そして、中国野菜のカイランかチョイサムのオイスター・ソースを注文する。粥麵家とあるから、小菜だけで値の張る御馳走はないけれど、鴨のローストがなかなか美味しいので二人前ほどテイク・アウトにしてもらう。

どんなに頑張っても一人前五、六ドルもあれば満腹になる。「香港粥麵家」を出たら、すぐおとなりの中国食品のマーケットに入ってピータンを買う。ピータンは三個で一ドル、一個が約四十円くらいで、これがスゴク美味しい。ついでにニラとか青菜《チンツァイ》の束を買ったらこれで今夜のおかずはたっぷりだから、野菜がシナびない内にバスに乗ってトットと帰る、という寸法である。

（単行本原題『旅は道づれアロハ・オエ』一九八二年）

*食はやっぱり中華にあり

「うまい店」に入る前に……（松山善三と）

中国料理のうまさ

世界には沢山の料理があるけれど、中国料理ほど、自分の国は勿論のこと数多くの異民族に愛されている料理はないだろう。中国料理はうまい。テーブルを囲んで、数人の人々が一つの皿から各自の皿に料理をとり分けて食べるという形式は、食事の楽しみを倍加してくれる。

中国料理の数は驚くほど多い。無限にあるといっても云い過ぎではないだろう。四季それぞれの美味は勿論のこと、北から南まで、その幅もため息が出るほど広く、何千年の歴史をしょった珍味佳肴は、海や山の幸を、そのまま食卓にのせるのではなく、人智の限りをつくし、長い経験と気の遠くなるような忍耐、豊富な材料の組合せによって、世界に類のない料理となった。

中国料理を地理的に分けると、旧満州、蒙古地方の「満蒙菜」、北京、天津地方の「平津菜」、揚州を中心とする淮河、揚子江下流地方の「淮揚菜」、重慶を中心とする四川省の「四川菜」、南京、蘇州を中心に発達した「京蘇菜」、上海、杭州の「滬杭菜」、「茶」や「漆」の名産地、福州を中心とした「閩菜」、広東を中心にして発達した「粤菜」の八種類くらいに大別出来る。

これらの料理は、気候、風土、材料のちがいによって、それぞれの特徴を誇っている。

料理の特徴

それぞれの料理の特徴をあげると、「満蒙菜」では羊の肉をつかったものや鍋ものが多い。

●「平津菜」のうち、北京料理は宮廷料理として発達し、天津料理は庶民の料理といわれた。

●「淮揚菜」のうち揚州料理と呼ばれる料理は見た眼も美しく、炒飯ひとつにしても「揚州炒飯」といわれるくらい豊富な材料を盛りこんである。

中国料理の中では「四川菜」が一番はっきりした特徴を持っている。香辛料をたくさんつかっていて、火を食うような辛さである。「搾菜」と「麻婆豆腐」が日本人には特に愛されている。

●「京蘇菜」の特徴は、淡水魚とやはりこれも淡水の蝦や蟹の料理がうまい。菊の花が咲く頃になると、日本人が松茸を待つように、彼らは蟹を待つという。この蟹は特別仕たての貨車で香港へ運ばれてくる。この蟹を食べたら、もう他の蟹は食べられない。天下一品である。

●「滬杭菜」は味が濃く、日本の関西料理を広東料理とすれば、関東の料理が上海料理とでもいえるだろうか。魚介類の料理がうまい。「炒膳湖」と呼ばれるうなぎに似た魚の料理や「淡焼下巴」と呼ばれる魚の尻っぽを煮た料理や魚の肺のスープなどは滅法うまい。「鯉の丸あげ」は日本人の好きな一品だが、これは杭州の料理で「西湖醋魚」と呼ばれる。

●「閩菜」は、上海料理と四川料理の中間。日本では福建料理という看板をあげている。料理とはいえないが紙のようにうすく焼いたうどん粉の皮に、肉や野菜をつつんで食べる「春餅」というのがうまくて楽しい。日本人はあまり食べないが「田鶏」といって食用蛙が美味である。

●「粤菜」の特徴といえば「なんでも食べちゃう」のが特徴だけれど、「うまく食べる」という言葉をつけ加えておきたい。蛇でも犬でも山猫でも実に美味しく食べさせてくれる。

蛇の胆囊は瞳を美しくするといわれる。佳麗な娘さんが蛇屋の前に立って胆囊を買っている姿は、女の執念を見るようでうす気味が悪いけれど「鮑鶏絲會五蛇」と呼ばれる蛇の羹《あつもの》などは一度食べたら忘れられない美味である。

広東料理は中国料理の圧巻である。四ツ足で食べないものは「机と椅子」だけだというくらい、なんでも食べてしまうから、一見、ゲテモノ料理のように思われるけれど、味は全中国料理の中で一番さっぱりしていて風味も満点。香港には広東料理の店が多い。

数年前、私は広東、北京、上海、蘇州、杭州と約一カ月半、中国大陸の料理を食べ歩いて来た。本場の料理はやはりうまい。「北京鴨」は北京で、洋澄湖の「蟹」は蘇州で、「麻婆豆腐」は重慶で食べてみたい。日中の国交が回復するのはいつのことだろうか。中国人が日本を訪れたら、一緒に「日本料理」を食べ、私たちが向うへ行ったら、一緒に「中国料理」を食べる。その国へ行ったら、その国の料理を食べるのは礼儀でもあるし、互いの理解を早めるだろう。

メニューについて

中国料理のメニューは分りにくいという人がいるけれど、中国料理のメニューほど分りやすいものはない。同文の漢字だから、誰にでも読めるし、その字句を追ってゆくと、ぼんやりと料理の姿が浮んでくる。

まずはじめに、その料理が「煮たもの」か「焼いたもの」か「蒸したもの」かを知る必要がある。次に列記する文字は、中国料理名に必ずついているもので、中国料理の基本ともいえる料理法である。メニューの中からこれらの一字を探しあてれば、ほぼ料理のイメージが浮ぶだろう。

●炸（JYA） 本字は「煠」であるが、「灱」あるいは「煠」とも書く。油で揚げるという意味。日本の天ぷらだと思えばよいだろう。

●爐（RU） オーブンのような爐の中でむし焼きにしたもの。

●燒（SHAO） 焼くという字だが、やわらかに煮たものをいう。ほとんど汁がない。

●燻（SHUIN） 一度煮たものを再び火にあぶり、燻製にしたもの。

●蒸（JYON） むしたもの。蒸籠に入れてむしたものは「餾」ともいう。何も

●炒（CHAO）
●扒（PA）
●烤（KAO）
●煎（CHEN）
●烹（PON）
●會（HOY）

●溜（RYU）
●烙（RAOH）
●燙（TANG）

●燉（DONG）
●熬（AOH）
●滷（RU）
●涮（SHAN）
●燜（MEN）

加工せず、そのまま、むしたものを「清蒸」という。
油を入れて強い火でいためたものの意。炒飯（チャーハン）
葛を入れてぐつぐつと煮たもの。
バーベキューのようなもの。ただし、遠火で時間をかけて焼く。
つくだ煮のように煮つめたもの。
油でいためたものを、水や湯の中に放りこんでつくる料理。
「燴」とも書く。醤油と葛でどろどろに煮たもの。スープが比較的多い。
「熘」とも書く。日本のあんかけに似ている。
鍋に油をぬって、その上で焼いたもの。
熱いスープなどに用いられるが、「焼く」という意味もあるらしい。
とろ火で長い間、煮込んだもの。
油でいためたあと、煮込む。
どろどろになるまで煮込んだもの。
しゃぶしゃぶ。
水たきのようなもの。

●炮（PAO）「爆」とも書く。ラードで炒めてから醬油や酢《す》で味つけして煮たもの。
●蛋（TANG）卵のこと。卵料理には必ずこの字が入っている。
●羹（GONG）あつもの。肉とうどん粉を少し入れてつくった汁。
●湯（TANG）スープの総称。
●鹹（SHENG）塩づけにしたもの。
●鬆（SO）でんぶのようにうすく、小さく切ったもの。
●捲（CHUAN）まいたもの。
●條（CHIAO）細長く切ったもの。
●包（PAO）中に、他のものがつつんである。
●塊（KAI）ぶつ切り。
●球（CHU）細く叩いてまるめたもの。
●丁（TING）賽の目に切ったもの。
●絲（SU）糸のように細く切ったもの。
●片（PIENG）薄く切ったもの。

これらの文字に、材料の名前を組みあわせたものが中国料理の名称だと思えば間違いないだろう。例えば「清炒蝦仁」（エビのイタメもの）「鍋巴海参」（ナマコとおこげの料理）「烤北京塡鴨」（ペキンダックの丸焼き）「三鮮湯」（鶏と豚と筍のスープ）というように。

その他「三鮮」などという文字にぶつかるけれど、これは海の幸、山の幸をあわせたもので、豚肉、鶏肉と鮑《あわび》や筍などを材料にしたものである。「三絲」とあるのは、ハムと豚肉、鶏肉、筍の細切り。「三片」は豚、鶏、筍を薄く切ったものである。「八宝」、「十錦（什景）」は豚、鶏、蝦、筍、木耳《きくらげ》、貝柱、鶏卵、なまこなどを入れたもので、必ずしも八種類、十種類の材料をあわせたものではない。また、中国料理で「肉」といえば豚肉のことである。中国は文字の国だけあって、同じ名称でも、出来るだけ美しい字、「縁起」や「福」をあらわした字をあてはめることがある。また同じ料理の名前でも店によって異なる呼び名があるけれど、これだけ覚えておけば、まず、支障はない。中国料理のメニューを見るのも、むしろ楽しみの一つになってくる。

料理店に入って腰をおちつけたら、まず、紙と鉛筆を出す。これと思った料理を見つけたら、その料理のナンバーか料理名を書いて渡せばよい。頭に描いた通りの料理が食卓に運ばれてくる時の快感は、まるでパズルを解くような期待に似ている。とんでもない料理が出て来たとしても、これは旅の一興として笑えるだろう。

日本の料理店のウェイターやウェイトレスと違って、香港の給仕人は、みんな親切で、物言いもやわらかく、中国人の商売上手を思わせるけれど、客の立場から云えば快いあつかいである。

日本人は、ひかえめなのか、恥しいのか、あるいは、戦後二十数年たっても、まだ戦前の道徳教育のカスがひっついているのか、レストランのメニューを克明に見る習慣がない。一人が何か注文すると、みんな口をそろえて「僕もそれでいいです」とか「私もそれ」などと、まるで主体性のないことをおっしゃる。

メニューをよく見ることは恥ではない。趣味、嗜好の問題だといってしまえば、それまでのことだけれど、中国料理のメニューは、漢字を拾ってゆくだけでも実に面白い。そこには料理を作った人と、それを賞味する人々の繊細な神経や、感歎の声を聞くことが出来る。

中国料理のメニューは「菜單」と書く。

中国料理には中国酒を

料理につきものは酒である。中国料理には中国の酒がうまい。あたり前のことだが、これも趣味、嗜好がそれぞれの人々によって異なるから、特にこれといっておすすめすることは出来ないけれど「茅台酒」と呼ばれる銘酒は、フランスのコニャックに匹敵する美味で、一口、口に含むと中国料理の油っこさが一掃されて再び食欲がわく。

中国の酒は、大別すると「白酒」と呼ばれる米・小麦・高粱などを蒸留したもの、「葯味酒」と呼ばれる漢方薬を配合した滋養強精の酒、「強精補酒」というスタミナをつけるための酒、「黄酒」といって米、糯米を原料とした醸造酒、そして果実でつくった「果実酒」にわけられる。

●白　酒

茅台酒	53°	貴州省茅台鎮産
凌川白酒	55°	遼寧省大連産
洋河大曲酒	54°	江蘇省洋河産
汾酒	65°	山西省汾陽県産
高粱酒	60°	河北省天津市産
王冰焼	30°	広東省佛山市産

●葯味酒

五加皮酒	53°	河北省天津市産
蓮花白酒	50°	北京市産
万年春酒	43°	上海市産
竹葉青酒	45°	山西省汾陽県産
桂花陳酒	13°	北京市産

玫瑰露酒 54° 河北省天津市産

香梅酒 黒龍省産

●強精補酒

海龍酒 40° 山東省青島市産

杞子補酒 38° 河北省天津市産

虎骨酒 57° 北京市産

蔘茸葯酒 59° 北京市産

人蔘酒 39° 河北省天津市産

蛤蚧酒 36° 広西僮自治区産

三蛇酒 36° 広西梧州産

●黄 酒

九江粒米酒 19° 広東省広州市産

紹興酒 15° 浙江省紹興産

●果実酒

白蘭地 44° 北京市産

玫瑰香葡萄酒 12° 北京市産

味美思 18° 山東省煙台産

日本酒にもっとも近いと思われる酒は「紹興酒」で、一般には「老酒」と呼ばれる。「善醸」「加飯」「花彫」の三種がある。この酒を産出する紹興では風習として、赤ちゃんが生れると、父親がその酒を仕込んで瓶に入れ、土中に埋め、その子が成人して結婚する時に、掘り出して祝酒として飲むと伝えられる。美しい、楽しい話だ。掘り出した「紹興酒」を祝いながら幼児の思い出を語る両親の顔が見えるようである。

酒は「気違い水」といわれるけれど、世界中、どの国の料理にも欠くことの出来ないものだ。酒はうまい。

さいごに「浴室」について

「友人」と「酒」と「女」と、「おいしい料理」があって、人生が楽しくない奴がいたら、こいつは病人か、もうすぐあの世へ旅立つヨイヨイである。しかし、どんなに美味しい料理でも、腹が空いていなくては「うまくない」のが、人間の悲しいところである。「すきっ腹」なら、なんでもうまい。今日はうまいものを食おうと決心したらまず働くことである。働きすぎて、疲れた人は風呂へ行ってらっしゃい。中国スタイルの「浴場」へ行くと、心身爽快になって、うまい料理がさらにうまく食べられます。

「上海浴室」と、金ピカの文字がうす闇の中に光っている。入口に立つと「いらっしゃい」と、少年が白い歯を見せ、個室に案内してくれる。個室には、サイドテーブルをはさんでシングルベッドが二つ並んでいる。財布や時計、貴重品をテーブルの引出しに落すと、係の男がズボンのベルトに結びつけた鍵を出して、ピーンと錠をかける。衣服を脱ぐ。係の男がバスタオルを腰に一枚、肩に一枚かけてくれる。便所の草履のような、藁のスリッパをひっかけて廊下をゆくと、突き当りに浴室がある。そこにも少年が立っていて、二枚のバスタオルは、そこで、もぎとられる。

そこはシャワールームになっている。シャワーの横に小便用の便器がある。客たちは、ひとまず、シャワーを浴びてから浴室に入る。浴室は日本の銭湯に似ているが、カランもなければ、上り湯もない。変っているのは浴槽のヘリで、一米幅の大理石で出来ている。

湯につかって一方を見ると、タオルをさげた三助が二、三人壁にそって立っている。素っ裸である。日本の三助は、キリッと褌をしめているけれど、こちらの三助は、だらしなくぶらさげたままの格好で、客が上って来るのを待っている。客がそろそろ上って来るなと見ると、三助は一枚のタオルを大理石の上に敷く。客はタオルの上に仰向けに寝る。河岸に上ったマグロだと思えばよい。

三助は、もう一枚のタオルをしぼると自分の右の掌を、まるで繃帯でもまくように、きっちりと包む。あかすりである。まず、二本の腕、そして胸から腹へ、さらに、足の爪先から股倉へかけて、三助はまるで大根か牛蒡《ごぼう》でも洗うかのように、こすりあげる。アカがボロボロとこぼれる。うら返す。背中から尻へ、またまた、アカの山である。嘘ではない。よくもまあ、こんなにアカをつけていたなと思うほどの出ようである。ひととおりアカをこすると、湯舟の湯をざあっとかけ、こんどはシャボンを一杯に塗って、再び、手足から腹、背中、尻まで、くまなく洗ってくれる。

再び湯につかる。身体が浮くような気がする。上気した顔で湯舟をあがると、シャワールームの端に連れてゆかれる。頭から五杯も十杯も上り湯を浴びせられる。最後は煮えるような熱い湯で絞ったタオルで身体中を拭き清めてくれる。少年が腰に一枚、肩に一枚のタオルをかけてくれる。いい気持で個室へ戻ると、ベッドにタオルが敷きつめてある。その中に転り込む。少年がお茶を持って来る。一口啜ると、どっと汗が吹き出てくる。係の男が新しいタオルを持って来て、身体の汗を拭いてくれる。一服すると、スタンドランプと靴みがきの台のような木箱を持った男が顔を出して「爪を切るかい？」と云う。うなずくと男は木箱を自分の尻に敷き、その中からノミのようなナイフを出すと、スタンドランプをつけ、足の爪、靴ずれ、魚の目、かたっぱしからけずってくれる。手足の爪や魚の目の掃除がすむと、按摩がやって来る。この按摩が一度かかったら病みつきになるほど、うまく、快い。足の指だけもんで欲しいといえば、そこだけ一時間でももんでいる。按摩は、「おさえたり」「なでさする」ものだが、その間に足腰の筋肉を叩く。その叩く音がリズミカルでなんとも云えず美しい。まるで、音楽を聞くような気さえする。陶然として夢に誘われる。按摩は、もむだけもむと黙って帰ってゆく。客は、ぐっすりと眠りたいだけ眠る。少年が何度でもお茶を入れかえて行く。

眠りたいだけ眠ると、パッチリと眼があく。係りの男が、再度、熱いタオルを持って来てくれる。あなたは、自分が生れかわったように、元気横溢していることに気づくだろう。さあ、衣服をつけて、ネオンの街へ出たまえ。うまい料理が軒並みに、あなたの食欲を待っているだろう。

「食って、食って、食いまくれ」

(『香港台北いい店うまい店』一九六九年)

ハワイアンの食器は木の葉の皿、ココナッツの椀

ハワイ料理「ルアウ」を現代風にアレンジしたメニューが揃っている「ピープルズ・カフェ」はダウンタウンの小さい店だが、ハワイアンの血が混じったロコが大人気で、おひるどきなど店の前は長蛇の列だ。「ルアウ」の最高御馳走は「カルウア・ピッグ」という豚の蒸し焼きで、私が昭和三十二年にホノルルへ来た時には、ホテルの庭で観光客のための「蒸し焼きショウ」が行われていたものだった。地面に深い穴を掘り、焼け石をたっぷり放りこんだ中へ、おなかを開き、ゾウ物を取り去って、ティ・リーフで包んだ丸まんまの豚を入れて、土をかぶせて蒸し焼きにする。だんだんといい匂いがしてくるのだが、取り出した豚ちゃんの姿たるや、美味しそう！　というより、あまりにムザンで、アメリカ人の女性などは顔面マッサオ、卒倒寸前といった風情で早々に退却してしまうから、折角焼き上がった豚肉をひき裂いて賞味するというところまでいかない。その後は費用の関係のせいかどうか知らないけれど、蒸し焼きデモ

ンストレーションは御用とお急ぎの団体用特別注文の他はあまりみかけなくなった。ラウハラの葉で編んだタパの上に座りこみ、テーブル代りに敷いたティ・リーフの上に、「ポイ」をはじめとして「ピイピイカルア（干し肉）」「ＲＡＷＡＫＥ（生のレバー）」「ＬＡＷＬＡＷ（豚肉と魚肉をティ・リーフで包んで蒸したチマキ）」「ＣＨＩＣＫＥＮＬＵＡＵ（ほうれん草と鶏のスープ）」などを並べて、木の葉やココナッツの椀を食器にして食べるハワイアン風の宴会も、いまでは全く姿を消してしまった。現在、二、三のホテルで行われている「ルアウ」といえば、テーブルに白いクロスを敷き、洋皿に、やや「ルアウ」らしき料理がおしるし程度に乗ってきて、フォークとナイフで食べる、というだけだから、味も素気もありはしない。「ピープルズ・カフェ」はちょっとわかりにくい場所にあるけれど、アラモアナ・ショッピングセンターにも「ポイ・ボール」という屋台風のルアウがあるから、一度はハワイアンの味なるものをためしてみるのも一興だとおもう。

古くに書かれた本をみると昔のハワイアンの食物として、「もっとも重要な食物はポイにして、次に魚、豚、犬」であり（中国は赤犬を珍重するけどハワイでは白犬なんだって）、酒はなかったから「アワ」という樹木の根を噛みくだいたものを水にひたして飲んで、陶酔を感じた、とある。魚は生のまま塩水につけて食べ、煮炊きはいっさいしなかったらしく、その名残りが「ロミロミ・サーモン」という料理になっていまでも食べられている。「ロミ」は揉む、「サーモン」は鮭で、塩漬けの鮭の身をほぐし、きざんだトマトときざみ長ネギを加えて揉み、塩で味をつけた「ナマス」のようなもので、現在、塩漬けの鮭はアラスカから運ばれているとのことである。

いまでも、ハワイアンはよく食べ、よく太っているけれど、昔のハワイアンの、特に貴婦人、王族は、権威を示すために、ただ、ただ太ることに専心したらしい。

カメハメハ大王の愛妻であった「カアフマヌ」は、身長百九十八センチ、体重百四十五キロという山のような巨体で見る者を圧倒し、一日に五、六回も食事をしたそうな。その都度、豚の蒸し焼き、パンの木の実、犬の焼き肉と大量の魚料理、丼三杯ほどのポイを平らげた、というのだからビックリ仰天である。「食事中は従者がつききりで、彼女の胃を叩いて食欲を刺激した」とは、太るのもラクではない。

「ポイがなくては夜も日も明けぬ」というほどハワイアンに好まれる、というよりハワイアンの常食である「ポイ」は、タロ芋を蒸してすりつぶした、うす紫色のドロンとしたノリ状のもので、人差し指と中指に巻きつけるようにして口へ運ぶ。ハワイアンばかりでなく、ハワイの住人はたいてい「ポイ」を食べるそうで、最近ではベビーフードとして、見直され、アメリカ本土へも送り出されているそうだ。マーケットでは袋入りのものと冷凍用の粉末のものが売られているので、このごろでは、昔のように早朝からポイ作りにせいを出すハワイアンはほとんどいなくなってしまった。

ホノルルには「ポイ」を作る工場が三軒ある。「ポイとはいかなるものなりや？」私は早速探検見学におもむいた。

「ポイ」の原料、タロ芋は、カウアイ島の水田で育てられ、十三ヵ月で収穫されて、船でホノルルへ送られてくる。大きいものは大人の頭ほどもあり、小さいのはナスビほどで、皮つきのまま、巨大な圧力釜様の機械に入れられて小一時間蒸されたのち、ウオッシャーでざっと洗われて、ベルトコンベアに乗って動きだす。その芋を待ち構えているのはズラリと並んだ水道の蛇口の前に立った女性たちで、彼女らはツルリと器用に皮をむき、きれいに水洗いをする。ここで働く女性たちはほとんどがフィリピン人。給料は、一時間三ドル六十セントというから日本金では八百円がとこである。ポイ作りの作業は、夜の十時半から始まって、朝の四時には各マーケットに出荷されるそうだから、夜通し六時間の仕事はなかなかきつい。さて、水洗いされて真っ白になったタロ芋は、今度は一個ずつシズシズと階段を上り、巨大なジョウゴのような器械の中に落ちこんで、擦りつぶされ、練りあげられてノリ状になり、更に濾過されて完成して袋に詰められる。値段は一ポンド入りが一ドル四十五セントで、一度に一袋を食べちまう人もいるというから、私たち日本人の主食の米とくらべるとかなり割高である。午前四時に出荷されるということは、作ったその日の内に食べる新鮮なポイが最高ということだろうけれど、一日おいて、少し酸味の出たポイを好むという人も多いそうで、いずれにしても、ポイの味というものは、どうにも説明のできない妙ちきりんな味で、日本人の口にはとうてい合いそうもない、というのが私の舌の報告である。

（単行本原題『旅は道づれアロハ・オエ』一九八二年）

付き人が胃袋をたたいて太ったというカメハメハ大王の寵姫カアフマヌ

プリ・フムリの〝最後の晩餐〟

お前さんに言われなくたって、出発前の、私のドロナワ読書が、いたずらに肩がこっただけでなんの役にも立たなかったことは、もう、とうに気がついて反省しておりますです。

とにかく、アフガニスタン旅行に出てから、一日に何度かは、カニシカだ、シルクロードだ、玄奘法師だ、という名前が、諸先生方の話題にのぼるでしょ？ 「またやってら、よくアキないなァ」と私はときどき呆れちゃうし、うんざりもするんだけど、考えてみれば「クシャーン朝・遺跡の旅」に来たんだから当たりまえよね。うんざりするのは、こっちに学がないからで、話が理解できればさぞ楽しいだろうし、勉強にもなるんだろう、と、羨ましくもなるんです。そして、どこかヒガミっぽい顔をしている私に哀れをもよおすのか、突然、樋口〔隆康〕先生や加藤〔九祚〕先生が私のそばへやってきて、個人教授よろしく「ナニナニのシカジカで、……ね？ そしてカニカニになって、それがナニナニで……」と説明して下さるんだけど、これが私にはまるでチンプンカンプンで一向に通じないんだなあ。……なんせ、あちらさんとこちらさんとは次元が違う。あちらさんの考える「常識」と、こちらさんの知っている「常識」とは、日本国とアフガニスタンの間くらいの距離があるのだからしかたがない。かといって、そのたびに話の腰を折って、「その前はどうなっていたんですか？」「その前は？」「そのもっと以前は？」って話をひき戻すわけにもいかないでしょ？　で、つまり、あちらさんが説明してくれればくれるほど、こっちの頭がコンガラがっちまう。同じ日本人同士なのに、日本語が通じないってことが、この世の中にはあるんだ、ということがよーく分りました。

さて、この国の地名は、いままではあまりおつきあいのないような覚えにくい名前ばかりだけれど、バーミヤンの次はマザリ・シャリフちゅうところへ行くのだとばかり思っていたら、朝八時にバーミヤンを出発したバスが夕方五時に到着したのは、なんと「プリ・フムリ」とかいう発音のしにくいところでありました。

いったいどういうことになっているのだろう、と地図を開いたら、ゲッ！　ここ、プリ・フムリからマザリ・シャリフまでは、まだまだバスで十時間余りもかかるらしい。バーミヤンからマザリ・シャリフまで直行したら途中で葬式が出かねなかった、やれ、やれ、やれ。

プリ・フムリのホテルはグランド・ホテル。バーミヤンのホテルも旅籠屋《はたごや》って感じでかなりスゴかったけれど、このグランド・ホテルもまた、名前もスゴいが中味もスゴい。ささくれた絨緞に足をとられながら部屋にたどりつき、何度ドアを閉めてもスウーと音もなく開いてしまう。四方の壁はピンク色のペンキでゴテゴテと塗られ、天井から裸電球が一個ブラ下がっている。二つあるベッドはなぜか一つがシングルで一つがセミダブルである。私はスーツケースを開けて持参の殺虫剤をたっぷりと撒いて、さて待望のお風呂に入ろうとバスルームへ入ったら、バスタッブはあれどもお湯が出ない。この国は昼間はやけに暑いけれど夜はまたやけに冷える。水を浴びれば風邪をひくこと間違いない。三度の食事より入浴を愛すというケッペキなるわが夫はガッカリして、殺虫剤をぶっかけられたゴキブリの如く、ベッドにひっくりかえってしまった。

タラタラと頼りない洗面所の水を掌に受けてやっと顔を洗い、食堂へ行く。広い食堂に、私たちグループのためのテーブルセットができていた。グループの顔が揃ったところへアクバル君とイシャおじさんが大盛装で現われた。真白い木綿のアフガン・スタイルの上下である。樋口先生が「ありゃ、二人とも洒落《しやれ》て来やがったなァ」と目を瞠《みは》った。二人とも同じ白色、同じスタイルの衣裳でありながら、白皙の細おもて、くぼんだ眼窩、頰のまわりに黒々とヒゲを生やしたミスター・アクバルに比べると、坊主頭で顔色浅黒く、ズングリ太ったイシャはかなり見劣りがする。アクバルがキリストならば、イシャはさしずめ弟子のはしくれというところである。アクバルは白い上衣をなびかせて食卓に着いた。よれよれの衣服のわれらグループの中でひときわ白く光り輝くアクバルの存在は、どうしても、キリストを囲む最後の晩餐《ばんさん》の図である。

私が食堂に入った時、背広姿やローカルの衣裳をまとった七、八人の男たちがウロウロしていて、私は彼らをてっきりホテルの客だと思っていたのだが、じつはこのホテルのウェイターやボーイだったらしい。

私たちがテーブルに着いたとたんに彼らは目まぐるしく食事のサーブを始めた。一人一人風采のちがう、あまり清潔でなさそうな男たちが、パタパタガタガタと騒々しく動きまわり、いつの間に現われたのか、このホテルの主人らしい男がとなりのテーブルに腰かけて、要所要所でウェイターたちに号令を発している。

まず、テーブルの真中に、トマト、玉ネギ、キュウリをスライスしたサラダの大皿がガチャン！　と置かれ、山のようにナムを盛りあげた皿がドカン！　と置かれた。山賊の手下みたいなコワモテの男が危なっかしい手つきでスープの器を運んでくる。テーブルの一番端にいる私のスープ皿になみなみとスープをつぎ、ぐるっとテーブルをまわったらスープが足りなくなってしまった。

次には、ナスのクリーム煮の器が運ばれた。スープでコリたせいか、私の皿にほんのおしるしほどのナスがサーブされ、グルリとテーブルをまわった最後の皿には山盛りのナスが盛りあげられた。どうにもならないサービスである。おまけに私たちがちょっと食事の手を休めてフォークを置こうものなら、間髪を入れず、まるで獲物をかっさらうハゲ鷹のような勢いで皿を持っていってしまうから、おちおち話をしているヒマもない。

樋口オヤカタが「コラ！　まだ食ってるんだゾ、このヤロウ」と睨みつけると彼らはいっせいにキョトンとした表情で、別に悪気はないらしいから、なおさらこっけいである。

しかし、この日の夕食は大御馳走だった。ナスのクリーム煮に続いて、羊のぶつ切りとオクラの油煮、ローストチキン、そしてパラオと呼ばれる乾葡萄、羊肉入りの炒め御飯、……どれも、なんとも表現のできないような複雑な香料がたっぷりと使ってあって、馴れるまでに時間がかかる。油は獣脂といってもたいていは羊からとるローガンと呼ばれる脂と、ヒマワリの種からとる植物油だ。

（『旅は道づれガンダーラ』一九七九年）

移動スーパー・マーケットの中身

　こういうこともあろうか、と、虫が知らせたのでしょうか、その朝、ホテルの朝食で残ったナムを四、五枚かっぱらって、ビニール袋へ押しこんできたのが成功でありました。

　アレクサンドロスだ、クシャーンだ、殷の時代だ、バクトリアだ、と気もそぞろな大先生方もしょせんは生身の人間、空腹には勝てません。もし、この学者先生が束になって沙漠の真中で餓死でもしようものなら、日本国にとっても「国家の損失」でありましょう。白熱の太陽の下を、顔はニッコリでも足もとフラフラの男性たちが、前後左右に砂を蹴ちらしながらバスに近づいてくるのを見た私は、バスの中から、片時も放さない、自称「移動スーパー・マーケット」なるズダ袋をひきずり出しました。

まず、二枚の大風呂敷をバスの木陰（バス陰というべきか？）に広げます。一枚は木綿の草木染めで、これは井上〔靖〕御大の玉座《ぎょくざ》用、一枚はビニールで、この上に食糧を並べる、という方法で、これで食堂のしつらえはできあがったものの、このスーパー・マーケット、品数は多くても量が少ない。ズダ袋から現われたものは、盗掘ならぬ盗品のナム、デンマーク製のクッキー、ジャムとマーマレード、ドライソーセージ、そのあとに続くのは空気枕と懐中電灯と殺虫剤で、これはいくら空腹でも食べるわけにはいきません。アクバル君がスプライトとコカコーラを並べてセンを抜き、イシャおじさんが、ここへ来る途中の村で買った「ハルブザ」という大きな枕ほどもあるメロンを持ち出してナイフで切りさばく。私は、とっておきのウイスキー入りの小瓶を、二人に見つからないようにソッと出しました。

アフガニスタンという国は御存知「禁酒国」であります。旅行者に対しては、酒類の持ちこみは「一人につき一本」という固い規則があるのです。私たちグループは、成田空港で九本のウイスキーを購入しました。しかし、不幸にもわがグループの面々は「酒をたしなむ」どころか「呑んべぇ」ばかりで、九本のウイスキーなど、放っておけば四、五日で消滅するのは当然です。まあ、ホテルによっては、軽いワインやビールもありますが、それは僥倖《ぎようこう》に等しく、「ナイ」といったら絶対にないのですから、九本のウイスキーは出発以来、誰の手へも渡さず、猪八戒の松山と雑役オバサンの私が断固として保管し、鬼のような目を光らせているしだいであります。

私はその貴重なウイスキーを携帯用酒瓶に入れて持ち歩き、昼食時には、井上御大、オヤカタ、団長、西山〔三千樹〕先生の、その日の顔色しだいで、スプライトやチャイの中へ、ほんの一しずくほど配給し、夕食時にはちょっと奮発して配給をゆるめます。夕食後のひとときは、諸先生方がいちばんリラックスする楽しい時間なのですが、末席に連なる私は、かの忠実なる羊の番犬よろしく、ウイスキーの番をするイジワルオバサンで、誰のコップにどれだけウイスキーを注ぐべきか、その緩急の呼吸はたいそう難しく、みるみるうちに中味の減ってゆくウイスキーの瓶を横目で睨みながら、「もうチッと飲みたいなァ」といった連中の表情を黙殺し、ウイスキーの瓶を取りあげざま「オヤスミナサイ」と自室に消えるタイミングなんざ、まあ、言っちゃなんですが、高度な演技力が伴わなければできることではありません。しかし、心を鬼にしながらも涙ぐましい努力を続ける私を、アラーの神はお見放しになったのでしょうか、思わぬ事態が私を襲い震撼させたのです。それはアフガニスタンの旅行中、つねに寝食を共にした、アクバル、イシャの両君でありました。この二人、わがグループを案内中にモスクの側でも通りかかれば大切なお客を放り出してもサラート（礼拝）のためにサッサとモスクへ入っていっちまうほどの立派なイスラム教徒でありながら、ワインであれ、ビールであれ、酒には目がなく、ことにウイスキーは大好物とみえて、一杯二杯はごく無造作に飲み乾し、私がワザとお代りをしてやらないと、ボーイに命じて、瓶ごと自分の席へ持ってこさせるほどの図々しさです。一本のウイスキー瓶から、シングルでは何杯とれるか？　などと、弱い頭をふりしぼって計算していた私の胸算用は、この二人の出現によって呆気なくひっくりかえってしまったしだいでした。

そこまでは許せるとして、もっとビックリしたのは「ドライソーセージ」です。アフガニスタンへの出発寸前、私は、日本国の、ハム、ソーセージ類では有名メーカーである、プリマ・ハム会社から、新製品である「ドライソーセージ」の試食を頼まれて、それをそっくりスーツケースに入れて出発したのでありました。ドライソーセージは一見サラミ風、長さは十センチほどで小指ほどの太さ、これが一本ずつビニールパックされています。内容は「食肉、豚・牛・羊」と表示されていますから、私はグループに配給したあと、なんとなく手持ちぶさたな顔つきでコカコーラをラッパ飲みしているアクバルとイシャに「コレ、ブタ、ウシ、ハイッテル。アンタタチ、コレダメネ」と、そのソーセージを見せてあげたのです。アクバルとイシャはちょっと顔を見合わせ、アメリカ人のように両手を広げて肩をすくめると、やにわに私の手からソーセージをひったくってビリビリと包装紙をひっちゃぶき、モグモグ、ムシャムシャと美味そうに食べてしまったのです。私は驚きあわてながらも、私のカタコト英語が通じなかったのかと、再び「ブタ、ブタ、コレ、ブタアルヨ！」と叫びましたが、二人から返ってきたのは「ヴェリーグッド」という一言でありました。

おお、アラーの神よ、お許しあれ。それにしても、なんたる奴等であろうか、この二人は！

（同前、一九七九年）

チャパティが焼けるまで

アフガニスタンでは「ナム」、パキスタンでは「チャパティ」と呼ばれる、この国の人々の主食である平べったい形のパンを、どうやって作るのか？　ということは、主婦業二十余年の私にとって、ちょっと興味があったのです。なぜなら、最近は日本国にもずいぶん多種類のパンが売られているけれど、チャパティだけはインド料理店へでも行かない限りはお目にかかったことがない。だから、チャパティ屋？　の前を通りかかったということは、とっても幸運だったわけで、私はギロッと目をむいちゃった。

まず、舞台装置としては、ガラス戸一枚ない間口二間ほどの四角い店で、床の高さは四十センチほど。チャパティを買いに来るお客さんがちょっと腰をおろせるほどの高さというわけでしょうね。店の中には四十歳くらいの二人の男がいて、一人の男がタライほどの大きさのブリキの容器の中でこねたチャパティの材料を、手でひきちぎってては天秤ハカリにかけ、ちょこっと足してみたりしているところを見ると、チャパティ一枚の目方はキッチリと決められているらしい。目方に合格すると彼はその固まりを店の真中にアグラをかいている男にポイッと投げる。男が飛んできた固まりにサッサッと小麦粉をまぶしながら、ちょうど日本の丸餅のように丸めて横一列に並べてゆく。うす茶色をした小麦粉の団子が、みるみるうちに五十、六十、百個とできあがってゆく。団子作りのアグラ男の前に直径五十センチほどの穴があって、なにやらゴウゴウと音がしているけれど、私の目の高さからは中が見えない。団子を丸めながら、チラチラと私たちを気にしている男の好意的な笑顔につられて、松山猪八戒は靴を脱いでノコノコと男のそばへあがりこんでしまった。どうせ言葉は通じないから、二人の男はなんとなく顔を見合わせてニヤッと笑い、穴を覗いた猪八戒は「ワッ!」と叫んで飛びあがった。掌で鼻の頭をこすっているところをみると、穴からは相当の熱気が吹き出しているらしい。

天秤ハカリの男が、二つの茶碗を運んできた。私たちにお茶を御馳走してくれるらしい。あまり清潔ではなさそうな茶碗をみて、私は少々へキエキしたが、人の好さそうな天秤氏はニコニコとして手真似で「飲め、飲め」とすすめる。こんな好意に対して、私はどうすればよいか。つまり、出された茶を飲むよりしかたがない。私は下痢を覚悟してグイッと飲んだ。まずいチャイだったが、たっぷりすぎる砂糖がはりこんであった。彼らにとっては貴重な茶であり、大切な砂糖だったろうに、見ず知らずのどこかの馬の骨のためにお茶をいれてくれるなんて……。

この国の人たちはどうしてこんなに心優しいのだろう……? 私の胸に、ほのぼのとした感謝の気持が溢れてくるのを、まるで突きとばすようにして、もの哀しさにも似た感情が、私の心を横切っていった。その感情は、まったく唐突に、三昔も前の、日本の敗戦直後の思い出につながっていった。昭和二十年八月十五日の敗戦後、ほとんどの日本人は虚脱状態の中にいた。長い戦争に疲れ果てた上にどっちを向いても焼野原、着るもの、食べるもの、住む家もない、ないないづくしの、一億総乞食だった。ものもなければ「嫉妬」という感情もなくなっていた。

飢えて貧しい庶民にとって、まず考えなければならないことは「生きる」てだてだった。欲も得もない、とはいえないけれど、少なくとも嫉妬をする対象もヒマもなかった。私は人間の感情の中で、最も醜いのは「嫉妬」だと思っている。「悪い奴ほどよく眠る」という映画があったけれど、同じ嫉妬にもいろいろあって、俗に大物と呼ばれる人間の嫉妬は庶民の私たちには想像もつかないほどケタ違いに大きく激しい嫉妬だろう。ただその醜さが「権力」という厚い壁で巧妙に目かくしされているだけだ。そこへいくと、庶民と呼ばれる人の好い不器用な人間たちのチマチマ、ケチケチとした嫉妬はムキ出しに現われ、ぶざまに公開される。「昔はよかったなァ」というのはジイ、バアの口ぐせらしくて、私はあんまり言いたくはないけれど、敗戦後の庶民は、ボロを着てはいても、その心も姿も現在《いま》よりは純粋で美しかった。

ふと気がつくと、店の前は、というより私の囲りには、たいへんな人垣ができていた。チャパティ屋はバザールのメインストリートのド真中にあった。店の中には見馴れぬ異国の男があがりこみ、店先には、これもチンケな女が腰かけて、のんびりチャイをすすっている。彼らにしてみれば、さぞ珍妙な風景だったに違いない。好奇心に満ちた笑顔が押すな押すなとひしめいていた。見物していたはずの私たちはいつの間にか見物される側になっていたわけである。私はいちばん前にいた男に一ルピーの札を出して一枚のチャパティを指さし首をかしげてみせた。言葉にすれば、「チャパティ一枚は一ルピーですか?」である。男はビックリして大きく首を振り、ポケットをさぐって二枚の硬貨を出し、チャパティを指さした。十パイサが二枚だ。一ルピーは日本金の約二十円だから、チャパティ一枚は四円ほどになる。一般の人々はだいたいチャパティ二枚と豆か野菜の油煮のようなスープで昼食をすます。彼らにとってカバブや卵、ローストチキンなどは大御馳走なのだろう。インターコンチネンタル・ホテルや、ヒルトン・ホテルで、豪勢なブッフェを食いちらかし、香料が強すぎるの、メニューがいつも同じだのと、ブツブツ言っていた自分が恥しくなった。そして甘すぎるチャイの好意がいっそう身にしみた。

（同前、一九七九年）

目玉焼きが出来る砂漠にさそうは何の魂胆

「夫婦なんていっても、しょせんは他人、女房は俺にかくれてこっそり爪をといでいる」なんて、あんまり真に迫ったことを仰言るのはお控えになった方がいいんじゃありませんか。人間、親シキ中ニモ礼儀アリ、とか。古女房に向って「オイ、バアサンや」とか「お前の面もヒドクなったなァ」とか、そういう言葉は女性の心臓に出刃包丁を突き立てるようなもので、言っちまったら最後、あとでどんなに機嫌をとってももはや取りかえしがつかないものなのです。男性にしたって「あんたのハゲは絶望的ね」とか「そのガニマタどうにかならないの?」なんて言われたらあんまり嬉しくはないでしょう? 私はよくお前サマに「ボケたねえ」って言うけれど、これは私自身に向って言っている言葉であって、いうなれば喧嘩した犬が傷口をなめ合っているようなものです。だってそうでしょ? いまのいまだって、私がセッセと原稿をかいていたら、書斎からヌーと出て来たあなたが、私の灰皿のとなりにある卓上ライターの穴に鉛筆をさしこもうとしたじゃないの、鉛筆けずりはちゃんと自分の机の上にあるというのに……いったいこれを「ボケてる」という他になんと表現すべきや？　ま、私だって、ついこの間、腕時計を二個はめて外出して、気がついたときはさすがにショックで自分の顔がマッサオになるのがハッキリわかったけど。お前サマがボケたからといって、私は決してお前サマを疎んじたり軽蔑したりしてるわけではありません。そりゃ私だって、ぶっちゃけた話、結婚以来、「このヤロウ、わがままもいいかげんにしろイ」と思ったこともずいぶんとなかったとは言わないけれど、それでもほとんどの毎日が幸せいっぱいの日々だった、と、これでも心底感謝をしているのです。思えば、生れて五十年、ただシッチャカメッチャカに働いて、いえ、いまも尚、働き続けているけれど、あなたと結婚して築きあげたこの幸せを、私は絶対に失いたくないのです。『不如帰《ほととぎす》』の浪子の台詞《せりふ》ではないけれど、「ねえ、善三さん、人間は何故、死ぬんでしょう、私、千年も万年も生きたいわ」と、口に真白きハンケチをくわえたい、といった雰囲気の中に、私はいるのです。わかったかネ？

　ああ、それなのに、こっそりと「爪をといで」いたのは、実は私ではなくて、アンタじゃないの！　亭主がとつぜん女房に優しくなったり、常にもなく妙に笑顔を見せたりする時はロクなことがないようで、「要注意」だと、昔、婦人雑誌で読んだことがあるけれど、或る日アンタがへんに眼尻を下げ、猫なで声で言うことにゃ、「ねえ、エジプトへ行かない？」という一言には、私は正直いってギョッとなりました。なぜなれば、つい此の間、やっぱりアンタの魅力的な笑顔にひっかかって、アフガニスタンなんて砂漠の真ン中に連れてゆかれ、ヒイヒイ言いながら、命からがら帰って来たばかりなのに、今度はエジプトとはなにごとか。

夫・ドッコイが言うのには「出発は七月の半ばごろ」だそうだけれど、私の友人の言葉に依ると、「エジプトの七月？　そりゃ狂気の沙汰だなあ、第一、温度は五、六十度はあるだろうし、砂の中に卵を埋めるとゆで卵になっちまうっていうくらいですぜ」という。冗談じゃないよ。それでなくても今日このごろは年相応に干からび気味の私が、六十度のエジプトの太陽に照らされたら、ゆで卵どころか間違いなく干物になっちまう。「君子危きに近よらず」とはよく言った。この旅行はきっぱりと断わりましょう、そうしましょう、と、心に決めた私に、まるで追い討ちをかけるが如く、もっとスゴイことを言った人がいる。彼は日本人ではなく、れっきとしたエジプト人で、名前はナセルさん。「ソウネ、卵モカタマルケレド、砂ノ中ニ羊ヲ埋メレバ、羊ノ蒸シ焼キモデキルノネ」だって。この一言で、私は、「爪をといでいた」のは、やっぱり私ではなくてアンタだった、ということをはっきり認識したというわけでした。アンタという人は、ただでも暑さに弱い私をエジプトくんだりまで引っぱっていって、アフガニスタンでは果たせなかった夢をエジプトで果たす。つまり、私を干物か蒸し焼きにして亡きものとし、ホンワカポチャポチャとイキのいい若い嫁さんに乗りかえたい、という魂胆に違いない。テキがその気なら、女は鬼にも蛇にもなる。エジプトだろうがスーダンだろうが、地の底までもひっついて行って、おのれ生きて帰らずにおくべきか。

（同前、一九七九年）

夕食を摂るのはお腹の空いた人、御馳走は断食あけ

*世界食べある記

エジプト料理には、どうやら強い香料とナッツ類が欠かせない材料らしい。スークの乾物屋には何十種類もの干した木の実が山と盛られているし、道端にしゃがみ込んでピーナッツを売っているヌビアの女性もいる。乾物屋や香料屋にくらべて少ないのは八百屋で、トマト、ピーマン、オクラ、ナス、玉ネギ、ニンジン、ズキニなど、私たち日本人から見ると、いずれもチビチビとひねこびていて貧弱だ。トマト一個が日本円で三円程。米が一袋五キロ入りで七十五ピアストル（二百五十円程）。小麦粉で作った大型ドーナッツの如き固いパン（エイシ）、とうもろこしの粉で作ったパン（アイシバラデイ）は、共に一個が一ピアストル（三円五十銭程）だという。一般庶民の常食は、二、三個のパンと、煮豆少々か、生のししとうをおかずにするくらいで、粗食に近い。御馳走を奮発するのは、ラマダン（断食月）あけのお祭りとか、何らかの名目のついた集会の時だけらしい。家庭で雇う女中さんの月給が約五千円程。農家で

は夕食を食べるのは「おなかの空いている人、例えば子供など」で、食べない人もいるらしい。農家の食事時間は、朝食が午前四時、昼食が二時で、肉類はだいたい木曜日と日曜日に摂る習慣だそうで、回教の規律はなかなかきびしい。

古代の壁画にも、美しい色彩で豊富な果物が画かれているけれど、現在のエジプトでも果物は豊富で、ブドウをはじめ、オレンジ、バナナ、西瓜、レモン、デーツ、など、あるにはあるが、これも、日本の肥満児スタイルのそれとはちがって、ルックスはあまりよくない。エジプトを貫く、全長五千七百キロメートルの「母なるナイル河」の両岸のみがわずかに緑地帯で、あとは見わたす限りの砂漠なのだから、国情も人情も異なるのは当然だけれど、収穫があれば「アラーの神のお恵み」であり、人を食事に招待すると「アラーの御心のままに」という返事がかえってくる、という生活は、せっかちな日本人の短期間のエジプト滞在では到底、理解が出来ない。とにかく、エジプトの歴史はゆっくり、ゆっくりと進んでいるらしい。

さて、このたびのホテルは、前の「シェファード」という犬みたいな名のホテルとはちがって、アメリカ系の「シェラトン・ホテル」。冷房のスイッチをいれるとなおさら暑くなって困ったシェファードとは月とスッポン、部屋は清潔でヒンヤリと心地よく、洗面所の水もきれいに澄んでいて洗濯も出来る。ベッドも真ン中がボッコリとへこんでいなくて具合がよろしい。ホテル内で働く従業員の、キビキビとした身のこなしとお客に向ける笑顔も申し分がない。話は飛ぶけれど、現在、日本でチェーンを持ち、大成功を収めている「マクドナルド・ハンバーガー」が上陸して来た時、アメリカ側の条件は、「一にスマイル、二に迅速、三に味」だったそうで、私はその話を聞いた時、まことにアメリカらしいと感心した。ホテルの条件もまた、「一に安全、二に清潔、三にサービス」と、当然のことながらスジが通っていて気持ちがいい。ホテルに泊るのに「由緒ある」とか「最古」とかいう肩書きはいらない。日本国内でも外国でも、寝心地のよいベッドと、清潔なシーツとタオル、洗面所にお湯が出て、エアコンディションが完全ならば、他のものはいっさい必要ない、と私は思っている。ことに私のような癇性な人間にとって、床の間にホテイさんや招き猫が飾ってあったり、洗面所にホンコン・フラワーがあったり、という装飾過多はがまんがならず、それらのものをいっさいがっさい押入れの中に閉じ込めてしまわないと気分が落ちつかないから、ホテルや旅館の掃除にいったようで疲れ果ててしまう。私たち夫婦は、わりと旅行をするけれど、外国旅行では、最も新しいアメリカ系のホテルに泊ることにしている。

洗面所の水をザアザアと出して、山と溜った洗濯ものを洗いながら、私は、夫・ドッコイの顔色を窺った。自称プロレタリアートの彼もまた、このホテルに落ちついてからは、人相まで和やかになったようで、陽に焼けてボロボロになった鼻の頭の皮なんかムシっている。

（『旅は道づれツタンカーメン』一九八〇年）

炭焼きの大魚にレストランのテーブルを一廻りした日本国醬油

午後七時。ホテルのロビーに集まった私たちは、早くも舌なめずりをしながら、迎えの車いまや遅しと玄関に向って首をさしのべた。今夜はハテムさんの招待で、アレキサンドリア名物の「魚料理」を御馳走になるのだそうで、たまたまアレキサンドリアに逗留中のハテムさんの甥御さん夫妻がエスコートをしてくれることになっている。故郷《クニ》を出てからはや二週間余、魚というものにおめにかかったのは、あとにもさきにもアスワンの淡水魚のフライのみである。魚好きの夫・ドッコイと志村〔栄二〕さんがソワソワニヤニヤするのも無理はない。

アレキサンドリアの海岸線はビックリするほど長い。おびただしい夜店と夕涼みの人々でゴッタがえしている中を、二台の車はビービー、ブーブーとクラクションを鳴らしながら縫うようにして走り、「ZUHIER」と青いネオンサインのかかげられたレストランに到着した。おっそろしく広いレストランである。

白いテーブルクロスの掛かった細長いテーブルが何十となく並び、海に向ってひらかれた窓から、ちょっと磯臭い強い風が吹き込んで来る。窓の下にピチャピチャと波が遊んでいる。私たちはテーブルに着く前に、調理場近くに並べられた魚に面会にいった。大きな木箱が無雑作に、というより放り出されたという格好で置かれ、ブッカキ氷をまぶされた魚がまん丸い眼を見開いている。スズキに似た魚である。

水槽にはエビやカニがギッシリだ。これらの材料をキロ幾らで買うと、材料はただちに台所へ運ばれて調理をされる、という寸法になっているらしい。調理といっても「焼く」か「蒸す」か「揚げる」かの三種類らしく、隣りのテーブルでは炭焼きらしい大魚を手づかみでムシャムシャやっている。

テーブルの上には何故かナプキンがない。が、よくしたもので、箱入りのティッシュ・ペーパーを山と抱えた男が、「カルメン！　カルメン！」と歌うような口調でテーブルの間をまわっている。どうやら、このチリ紙はカルメンという名前らしい。ひょいと覗いたら、ティッシュの箱に、片手をあげてフラメンコのポーズをとっている美人のカルメンがニッコリ笑っていた。

魚料理が運ばれてきた。一人前二尾のスズキの炭焼きが大きな皿からはみ出している。味つけはブツ切りのレモンをしぼるだけらしい。隣りに座っている夫・ドッコイが呟いた。「オレ、レモンいやだなァ、せめて塩焼きならいいのになァ」。とたんに対《トィ》

面《メン》のハテムさんの甥がニヤッとして、テーブルの上にポン！ と小さな箱を置いた。「ウ

「コレ、イイデスネエ」。箱の中身は、なんと卓上用のキッコーマン醬油であった。「ウワーッ！」と、日本男子のはしたなくもイジましい歓声が上がった。

夫・ドッコイの手がのびて、もどかしげに瓶の中蓋が外される……とつぜん、一隅のテーブルがガヤガヤと騒がしくなった、と思ったら、あっちのテーブルからボーイが飛んできて、ハテムさんの甥に何事か囁いた。「醬油を少し貰えないか」とのことである。エヘヘ、どんなもんだい、日本国の醬油は国際的だねェ、と、得意の鼻がうごめいた時には、トンビに油揚げよろしく、醬油瓶はかのテーブルに持ち去られ、手から手へと飛びまわっていた。おあずけを食った私たちの席にようやく瓶が戻ってきた時、中身の醬油は半分になっていたけれど、でも、まあいいやな、悪い気はしない。あの有名な魯山人でさえ、海外旅行をする時はショーユとアジノモトを持参したとかいうじゃないの。

一滴の醬油の味は、スズキを、エビを、カニを、即、日本料理に変貌させて私たちを狂気させた。食べものの習慣とは面白いものだ。同じスズキでもバターを使えば西欧風になり、五香塩をまぶせば中国風、醬油をひとたらしすれば わが日本国風になっちまうんだもの……やっぱり生きててよかったわね、お前サマ。

（同前、一九八〇年）

*和洋、あの店この味！

「乃り泉」に寄らなければ京都へ来た気がしない

今夜の食事は最高になるだろうと、期待に心を弾ませながら「乃り泉」ののれんをパッとはねのけた。「お越しやす」と、美人のおかみさんの声が出迎える。

店は小さく、椅子は二十脚足らず、カウンターがチョコッと鉤《かぎ》の手になった、ごくありきたりの京料理の店だけれど、白木のカウンターが目に眩《まぶ》しいほどパッと店内が明るいところがまずよろしい。

次によろしいのは、叡山の僧兵の如き面《つら》がまえをした主人の、豆しぼりの鉢巻きをキュッと締めたクリクリ坊主頭と、二人の下働きのクリクリ坊主が、なんともいえない清潔感をよぶ。

京女、というよりは、パッキリシャンとした江戸女といった気風のおかみさんのこまめな気働きも、またよろしい。

主人の高乗英樹さんは、京都の老舗「たん熊」の出で、料理のスイもアマイも十二分に心得た勉強家で「料理ひとすじ」と顔に書いてあるような人である。

私たち夫婦がこの店に通い出して、もう七、八年になるだろうか、その間一度も後悔をしたおぼえがない。私はこの店に来るたびに、その斬新《ざんしん》な料理に目をみはり、自分にもできそうな料理はしっかりと舌で覚えておいて、わが家のレパートリーの中に加えている。例えば、生牡蠣《なまがき》に大根おろしやポン酢、だし汁、醬油、刻み柚子《ゆず》やアサツキ、そして細切りの焼海苔《のり》をたっぷりとかけた一品などは、この店のメニューからカッぱらった私の得意料理のひとつになっている。

今晩のハイライトは、ほっかりと炊いた海老芋にピンク色のカツオブシを盛り上げた一品で、聞くところによると、この味のいいカツオブシは、電球を割った破片で最高のカツオブシを薄く、薄く削ったものだそうである。

お得意の「うずら饅頭《まんじゆう》」は、どうやら海老芋のつなぎに山芋を使って、うずらの叩きを包みこんで丸めて蒸し上げ、トロリとアンをかけ渡したもののようだけれど、こんなシチ面倒くさく込み入った料理はとても私の手には負えないから、この店に来たときだけ美味しくありがたく賞味することにしている。

サイコロほどのサワラの味噌漬けや、たった二切れしかないアンコウの肝を、大事そうに口に運びながら盃をかたむけている夫・ドッコイはいとご満足の様子である。

豆しぼりのご主人は、どこか私と似て、清潔を通り越して癇性《かんしよう》な質《たち》らしく、ほとんどビョーキに近く、店で使用するすべての水は、毎朝、大きなポリ容器を二個ひきずって、清水寺の湧《わ》き水を貰《もら》いに行くそうである。

こういう企業の秘密は、私が根掘り葉掘り当人から聞き出したナイショ事であって、この人はそのようなことをペラペラ人前で喋り散らす御仁《ごじん》ではないところもたいへんによろしい。

電球でカツオブシを削ろうが、清水寺の水を使おうが、それでお客が喜んでお勘定を払うわけではない。お客は冷たいものである。

「美味しいものを作ろう!」「美味しく食べてもらおう!」そういう主人の心構えと気魄《きはく》が、「乃り泉」ファンを集めて放さないのだ、と、私は思う。

(『旅は道づれ雪月花』一九八六年)現在閉店

二十年通いつめた店「志る幸」

呑《の》んべえ亭主の指導よろしきを得て、私は相当な酒のみである。内心ひそかにアル中の一歩手前ではないかしら？　とおもっているけれど、外では、ことに昼間は絶対にお酒を呑まないことにしている。

けれど、今回はお楽しみ旅行だから特別で、というより、酒などというものはキライな人とキライな場所でキライなものを食べながら呑めるものではない。ということは、現在只今《ただいま》の条件が、すべてその反対、ということなのであって、つまり素直にいえば私は機嫌がいいのである。

京都へ来れば私はなんとか時間をひねくり出して、「志る幸」に立ち寄る。いや、「志る幸」に寄らなければ京都に来たような気がしないのだから、たいへんな「志る幸」のファンの一人なのだろう。私は生来無愛想だから、どこへ行ってもお店の人とは口をきかないほうだけれど、それでも二十年余のおつきあいともなれば話は別、ご馳走プラス「志る幸」のおねえさんたち（年齢はおねえさんの上の上くらいだろうけれど）の笑顔を見るのも楽しみの内のひとつである。

五年ほど前に、映画の中で手早くタスキをかける場面があったとき、私は「志る幸」に飛び込んでタスキのかけ方を教えてもらったことがある。「志る幸」とタスキのイメージは、それほど私の中で密着している。おねえさんたちの、絣《かすり》の着物にかいがいしいタスキ、前掛けというスタイルは十年一日、今日も変らないのが嬉しい。「志る幸」のメニューには美味しそうなものがズラズラと並んでいるけれど、私が利久弁当の他に迷わず注文するのが、「だし巻き卵」である。ほんのりと薄味で、ふっくらとだしを含んで、実に美味しいだし巻きだ。

これも贔屓《ひいき》の、東京は日本橋「砂場」でも、私は厚焼き卵を注文する。こちらは関東風にソバつゆをたっぷりと使った卵焼きで、これはこれでまた美味しく、東西卵焼きの両横綱といったところだろう。

（同前、一九八六年）

ソバ業百年を越える老舗「砂場」の天ぷらソバ

*和洋、あの店この味！

昭和二十年の敗戦直後、まだ日本人の海外渡航が許可されなかった頃、チャンスに恵まれた私は半年間のパリ滞在を経てアメリカへ渡った。パリでは、はじめて口にした各種のチーズの美味しさに仰天し、朝な夕なとチーズを食べ狂い、アメリカではせっせと巨大なステーキにとっ組んだ。おかげで日本へ帰り着いたときにはめちゃめちゃに体重が増えていて、まるで雪ダルマのようにふくれ上がっていた。私の食いしんぼうは、どうもあの頃から本領を発揮しはじめたらしい。

外国旅行というものは、一度出かけたらクセになるらしく、その後も一年に何度となく外国へ行くようになった。〝郷に入っては郷に従え〟で、その土地の市場をウロつき、その土地の食べ物を片っぱしから試食、賞味することにしているから、それだけで手一杯で日本食が恋しくなったことは一度もなかった。ああ、それなのに、ついこの二、三年というものは、異国の空の下で、チラッと日本の味が懐かしくなることがある。そのものは決まって、「スシ」と「ソバ」なのだ。

若い頃の私は、ソバ、ウドン、スパゲッティなど、とにかくニョロニョロと細長いものは大嫌いだった。特にソバなどという、あんな小包みのヒモみたいで味も素気もないものを、他人はなぜ美味しそうにズルズルと吸いこむのか、全く気が知れぬ。あの細長いモノが喉を伝わり、胃に落ちこんでトグロを巻く図を想像するだけで、私はゲエ！　と顔をしかめたものだった。というのに……。人間の嗜好《しこう》なんてほんとうにアテにならない。いえ、人間はトシを取ると食べ物の好みが変るとか？　まあ、どっちにしても同じことで、とにかく「ソバ」がよくなっちまったのだから仕方がない。

そういうわけで、外国から帰って来る早々に、いそいそと出かけて行くのが、東京・日本橋は室町四丁目の「そば処・砂場」である。

手入れのゆき届いた、小ぎれいな玄関の戸を開けると、店内は土間と座敷に分れ、無駄な装飾などいっさいないパラリと明るい造りがまことに爽やかだ。ほのかにソバつゆと薬味のさらしネギの匂いがただよっていて食欲が湧く。

ここの従業員というかお運びさんは、全員がピンクのエプロンを掛けた女性ばかりで、キビキビと客席の間を走りまわっている。「天ぷらソバ、イッパーイ！」「ざる、二ハーイ！」と、注文を通す声がまた爽やかで、ちっともうるさくないのが不思議である。

私はまずはじめに「鳥わさ」を注文する。新鮮な鶏のささ身を熱湯にくぐらせ、たっぷりワサビが入った醤油で軽く和えたこの一品がまたまた爽やかで美味しい。

鳥わさが到着したとたんに、私は「卵焼き」を注文する。この店の卵焼きは、たっぷり、ふんわりとした甘味のある関東風たまご焼きで、甘さに弱い私もなぜかこの卵焼きだけは大好きなのである。

「卵焼きのダシはどうして作るのですか?」と、ご主人の村松さんに質問したら、「はい。ただ、ソバつゆで巻くだけです」という静かな声が返ってきた。ソバつゆは、カツオブシのだしにみりんと醤油を加えるだけだそうである。

アツアツの卵焼きが運ばれてくると、私はようやく「天ぷらソバ」を注文する。一品ずつ注文するなんて、なんだか悪いような気がするけれど、彼女らは決してイヤな顔をみせず、「天ぷらソバ、イッパーイ」という明るい声が天井を転がっていく。私は猫舌なので、いっしょくたに注文すると、なんでもおそろしい早さで出来あがってくるから、鳥わさを楽しんでいる内に、天ぷらソバは完全にノビてしまうという寸法になる。猫舌のわがままを聞いてもらえるのがありがたい。

ソバ粉は専ら国内のもので、最近は茨城の久慈《くじ》あたりのものがいい、と村松さんは言う。久慈のソバ粉に小麦粉をつなぎにして打つのだそうだ。

フウフウ言いながら、天ぷらソバを平らげ、残ったつゆをソバ湯で薄めて、みーんな飲んでしまう。そして、「ああ、美味しかった」と、私は箸を置く。
「砂場」は創業明治二年。ソバ業は百年を越える。大老舗の貫禄充分で、私の贔屓《ひいき》の店である。

（同前、一九八六年）

*和洋、あの店この味！

一流中の一流、すしの「きよ田」

東京は築地にある「吉兆」が、日本料亭の一流中の一流ならば、「きよ田」は〝すし屋の吉兆〟だと私は思っている。

夫・ドッコイの好物は中国料理、私の好物はフランス料理。仕事柄、外食が多いため家での食事は自然と、あっさりした湯豆腐や刺身、おひたし、と日本風なメニューになる。だから、めったに日本料理店には足を運ばないけれど、「さて、たまにはゆっくりと美味いものを……」というときは、自然に「きよ田」に足が向く。といっても一年に二、三回ほどだろうか……。

私たち夫婦が「きよ田」へ通いはじめてから、もう十年の余になるだろう。私たちが「きよ田」を愛する理由はたくさんある。

まず第一にこの店は、東京は銀座のド真ん中にありながら、まるで山の中の一軒家の如く静かであること、これがなんとも落ち着く。

すし屋というと、たいていはガラリ！　と戸を開けたとたんに「ラッシャイ！」と元気のいい声が飛んできて、カウンターに腰をおろすと間髪を入れずに番茶が現われ、「いでやいで、スシ、握りてしやまん……」といった気風の職人が目の前にそそり立って手ぐすねをひいている。という寸法になっているらしく、ガラスケースの中のネタをゆっくりと物色する、なんていう気持ちにはとうていなれない。

なんせ私たち夫婦はもはや、追い立てられるようにしてモノを食べる、なんてことには耐えられないトシごろになっているから、いったい営業中なのか休業中なのか分らないような「きよ田」にかたむいちまうのが道理というものだろう。そしてこの店の癇性《かんしょう》なほどの清潔さがまた、「清潔大好き、ほとんどビョーキ」という私にはぴったりとくる。

この家の主人の新津さんは、二十二歳で独立、いま中年の働き盛りだが、決してバカ声なんか出さない。ガラリ！　と戸を開ければ「あ、いらっしゃいまし」と、静かな声で迎えてくれる。真っ白い上衣をつけたお弟子さん（？）が三、四人消えたり現われたりしているけれど、彼等もまたご主人の指導よろしきを得て、気配りは抜群だが、こちらから話しかけない限りはほとんど音声を発しない。

十席ほどの小さな店だからよほど忙しくならないかぎり、すしを握るのは主人ひとりである。一心にすしを握っている主人に、ときたま「○○からお電話です」とお弟子さんから声が掛かるが、「いま出られません！」というキッパリとしたひと言で電話は切れてしまう。

すしを握っている手で受話器を握ったり、仕事の合間に煙草を吸ったり、すしを握ってはその手でチビた鉛筆などを握ってチョコチョコッと代金のメモ書いたり、そして、テレビが騒音を立てているすし屋さんには、私は二度と行かないことにしている。新津さんが仕事の合間にすることは、せいぜい番茶をすすることくらいで、両手は「すしを握るためにある」という神経がこっちにもピリピリと伝わってくる。

こういう店だから、いまは亡き小林秀雄さん、小林勇さん、今日出海《こんひでみ》さん、そしていまは阿川弘之さん、安岡章太郎さん、と、いわゆるムツカシヤのお客さんが多い。すし屋の要は一にも二にも上等の材料の仕入れにあるだろう。新津さんは来る日も来る日も最高の材料をもとめて駆け歩く。

「先だって二百五十三キロのいいマグロがありました。マグロ一尾で五百六十三万円でした。私はハラのいいところだけ持ち帰りましたが……」

と、冷蔵庫から濡れふきんで包んだ、三十センチ四方ほどのマグロさまを出して見せた。これで百万円だそうである。ゲエ！　である。

「二十二歳で独立して、いまだにすしを握っている……。あなたはよほどすし好きなのかね？」という夫・ドッコイの言葉に、新津さんは「いえいえ、とんでもない！」

と手を振った。

「私はマグロのトロなんて、見るだけでもイヤな人間なんです。でも、すしを握りはじめたある日、小林秀雄先生からたった一言、『スシはカンだよ』と言われました。そして十年後に、今度は今日出海先生から、『スシはカンだな』と、同じ言葉を頂戴しました。カンだけでやっているようなものです」

選《え》りすぐられた厳しいお客の、数少ない言葉を宝のようにシッカと胸におさめて、新津さんは今日も刺身を切ったり、すしを握ったり、アナゴを焙《あぶ》ったり、と忙しい。爪はギリギリに短く切られ、掌はいつもピンク色に輝いている。こういうのを、ほんとうの「人間の活気」というのだろうな、と、私はおもう。

(同前、一九八六年)

*和洋、あの店この味！

銀座界隈のうまい店すてきな店

帝国ホテルからブラリと外へ出て、さて、どこへ行こうか？……。まず、銀座通りへ出るための「みゆき通り」が楽しい。左側、「泰明《たいめい》小学校」のお隣は中国料理の「東京飯店」。ここのおソバと小竜包子《シヨウルンパオツ》はバツグンに美味しい。そして、そのお隣が毛皮の「フタバ」で、毛皮を買うついでにおソバをするならいいけれど、おソバを食べにいったついでに血迷って毛皮を買わぬようご用心……。白状すれば、この私がその経験者なのでして、どうもお腹がくちくなったら気が大きくなったらしい。買わなくてもいいミンクのコートを注文してしまった。これは順序を間違えるとヒョンなことになる、という忠告であります。

外堀通りの信号を突っ切ると、左に洋服の「壹番館」、洋品の「フジヤ・マツムラ」。和服の「きしや」や「鈴乃屋」のショウウインドウが贅沢な色彩を見せているし、右には洋品の「花菱」、洋服の「英國屋」などが並んでいて、右を見たり左を見たりで、首の運動になって健康によろしい。

銀座通りへ出たらそのまま左に折れる。靴屋の老舗「ワシントン」。少し歩くと、これも老舗の「鳩居堂《きゆうきよどう》」がある。四丁目の角には、ニューヨークの「ロード・アンド・テーラー」に匹敵するような、品よく静かな高級店「和光」が控えている。もとの服部時計店で、屋根にそびえる大時計は銀座四丁目のシンボルになっている。

私が終戦後に「銀座カンカン娘」という映画の中で歌った主題歌の中の時計は、たぶんこの服部の大時計のことだろう。

あの娘可愛《こかわ》いや　カンカン娘《むすめ》
赤いブラウス　サンダルはいて
誰を待つやら　銀座の街角
時計ながめて　そわそわにやにや
これが銀座の　カンカン娘
（作詞　佐伯孝夫／作曲　服部良一）

などと鼻歌など歌いながら、パン屋の「木村屋」の前を通りすぎ、ひょいと左を見ると、赤い小さなひさしが目に入る。フランス料理の「レカン」である。この店、間口はせまいが地下へ降りると贅沢なインテリア、贅沢な料理を食べさせる一流店で、私のとっておきの店のひとつだ。外国流に入口にメニューが出ているから、サイフと相談の上で入ったほうがよろしい。私はいつもそうしている。

贅沢といえば、真珠の「ミキモト」の前を素通りするのは惜しい。「世界中の女の首を俺《おれ》の作った真珠でしめてやる」と豪語した御木本幸吉翁の残した足跡を、チラと覗いてみるのも一興だとおもう。

三丁目に入った向い側には、文具店の「伊東屋」ビルがある。これも私の好きな店のひとつである。とにかくいったん入ってしまったら最後、あれもこれもと欲しいものばかりで、まるで巨大なクモの巣にひっかかったようで、なかなか出てこられない、まるで泥沼の如き店である。

絵ハガキ一枚六十円、消しゴム一個八十円、と、至って商売は細かいけれど、品揃《しなぞろ》えの豊かさは日本一。その上に、従業員が揃って親切で、動作も早く、実に快い店であることは、いつ入ってもワンサワンサというたいへんな人込みがそれを証明している。「伊東屋」は、東京ならではの一大文房具店だと私はおもっている。

くびすを返して、七丁目に戻れば昔懐かしい「資生堂パーラー」がいまも健在で嬉しい。私はこの店のコロッケが大好物だ。一筋西に入れば、日本料理の「浜作」がある。お座敷もあるけれど、カウンターのほうが楽しい。

こうして銀座八丁をブラついてもまだファイトがあったら、並木通り六丁目のとびきり上等ハイカラ雑貨店の「サン・モトヤマ」などを覗いてみよう。五丁目の「あづま通り」には和服好きの女性が喜びそうな「せきね」「京屋」「新松」などが軒を並べている。ちょっと足をのばせば、東京の胃袋といわれる築地・魚河岸《うおがし》が活気のある声を張りあげていて、ここもいったんまぎれこんだら、あれもこれもと欲しくなって困っちまうところだが、「市場」好きの人なら一度は行ってみたくなること間違いなしである。

同じ築地に、超一流といわれる料亭「吉兆」がある。座敷はもちろん、食器、味、サービス、と、なにからなにまで結構ずくめで、「ああ、贅沢は素敵だ」と溜息がでるほどだけれど、社用族ででもないかぎり、〝今日も吉兆、明日も吉兆〟とうつつをぬかすわけにはいかない。

その「吉兆」とはつい隣組に、うなぎの「竹葉亭《ちくようてい》」がある。「竹葉亭」が創立されたのは江戸も末期の慶応二年というから古い。八丁目にある現在の店は関東大震災後に建てられた、というから、もう六十年近くになるだろう。茶屋風の渋い客室の他に、いまはお昼のサービス用に、手軽な腰かけの部屋もある。つきだしとお酒を一本、白焼きと鰻丼《うなどん》で大満足、お値段もお格好である。

ところで、「銀座」には江戸時代「金座役所」というのがあったと聞く。金の小判や分金などを造っていたが、後には銀貨鋳造所が置かれ、それが「銀座」の名称となったらしい。

以前、私は、サイフを持ち忘れて銀座へ行った。何を買う、というあてもなかったのに、そのときにかぎって欲しいものが見つかって、欲しさも欲しいし金はなし、で、ひどくみじめな気持ちになった。

「銀座」というところは、やはりお金と深い縁で結ばれている。お金がないと、銀座を歩いても楽しくない。淋しいだけだ。

（同前、一九八六年）

＊和洋、あの店この味！

「すだれ麩」に和菓子

　どこの土地でも、城下町の特徴は「お茶道具屋」が多いことで、したがって洗練された「お菓子屋」もたくさんある。三百余年の老舗「森八」の「長生殿」という落雁《らくがん》は、金沢だけでなく、茶菓子には欠かせないほど有名になっている。

　昨夜、「つば甚」のご馳走に出た加賀の名物料理の治部煮《じぶに》に入っていた「すだれ麩《ぶ》」が、珍しい歯ざわりと形だったので、お土産にしたくなり、これも老舗の「不《ふ》室《むろ》」というお麩屋さんを訪ねてみた。治部煮というのは元来は鴨《かも》と野菜を煮こんだとろりと濃厚な料理だけれど、このごろは鴨もどき、とでもいうのかほとんど鶏で代用されている。「治部煮」という名の由来は、「ジブジブと煮こむからじゃありませんか？」とか、「治部という名前の人が発明したからでしょうね」とか、いずれもあいまいな返事ばかりで誰に聞いても分らなかった。その治部煮に欠かせないのが「すだれ麩」で、金魚が喜ぶ、例のフカフカとした麩とは似ても似つかぬ麩であった。薄く、しっかりしていて、細いすだれのような型押しがされていて煮くずれもしない。例えて言えば高野豆腐と湯葉のあいのこのような感じといったら当っているかもしれない。

尾張町の「不室」には入口がふたつあって、片方は自家製の麩の店用、片方の入口を入るとちょっとした格子とテーブルがしつらえてあって、麩饅頭と抹茶《まっちゃ》のセットやその他ちょっと工夫のあるおやつ代わりのメニューもあって、小腹《こばら》が空いたときなど便利だろうとおもった。お運びの少女も、売店の女性も、ひっそりと静かで感じがよく、金沢ならでは、という気がした。

売店に並べられた麩製品の品数は多く、大きいのや小さいの、かわいいの、太いの、細いの、と、みんな楽しい。若い頃は麩なんていうたよりない食べ物には見向きもしなかった私だけれど、お味噌汁に浮かせたり、煮物に使ったり、スキヤキにも入れてみようかな、などと、しこたま買いこんでしまった。

（同前、一九八六年）

日の出の勢いの「つる幸」

＊和洋、あの店この味！

「日の出の勢い」という言葉がある。

私は金沢の「つる幸」という料亭へ行くたびに、なぜかこの言葉を思い出す。

私は、料亭でもレストランでもカウンターのファンで、板場やキッチンの中でキリキリと立ち働いている職人の手もとを覗きこみながら食事するのが大好きだけれど、その都度、「プロの料理というものは、決断と勢い、そして強い体力が要るものだなァ」と、つくづくおもう。

重そうな大鍋やフライパンをヒョイと片手で持ち上げる。大きな包丁でグサッと魚をおろす。牛刀をふるってデッカイ肉塊を切りさばく。風呂桶《おけ》ほどもあるシチュー鍋でドミグラスを煮込む。ステンレスのレンジや大鍋を、全身の力で洗い、磨きあげる……なにしろ力と体力が要るのである。近頃は女性の職場進出が多くなったとはいっても、やはり板場だけは女性がチョロチョロするところではなくて、男性の仕事場なのである。

「つる幸」は最近、新しい料亭を建てて引越しをした。玄関を入ればプンと木の香が鼻をつき、どこからどこまで明るく清潔一本槍のピカピカで気分がよい。新築の家も気持ちがいいけれど、ここの料理がまた装飾がすぎず、実質的で、上等の材料を可愛がって大切にして、どうして料理に生かそうか、という気がまえに好感が持てる。

料理というものは、どんなに有名美味と世に宣伝されても、食べる人間の好みや舌、そして年齢によって味が決まる。例えば入れ歯の有無によっても評価もかなりちがってくるのが当然だ。

鮎のうるか、蒸し雲丹《うに》、鰻《うなぎ》の八幡《や わた》巻《まき》など、ちまちまとした先付のあとに「干口子《くちこ》」が出た。干口子はこのわたの内臓をまとめて干したものでサッと火にあぶるとやわらかくなって、なんともいえない芳香がただよう。その代わり薄く平たくのばしてあるのですぐにさめて固くなり、とたんに芳香も失う。という気むずかしい代物である。階下の調理場で焼いて階段を駆け上ってお座敷まで運ぶ間にも干口子の命は終わってしまう、というわけなのだろう。チョンボリ、カッカと怒った備長《びんちょう》の炭が入ったミニコンロが食卓の上にのせられて、自分であぶって召し上がれ、という寸法である。鱧《はも》の真蒸《しんじょう》入りの吸物も結構だし、笹鰈《ささがれい》の献珍焼《けんちんやき》という焼物も美味しかった。銀杏《ぎんなん》や木耳《きくらげ》などのみじん入りのおからを笹鰈でくるりとつつんで焼きあげたもので、加賀料理のひとつなのか「つる幸」のご主人のアイディアなのか知らないけれど、私がはじめて出会った一皿だった。

箸休めに、ほんの二口ほどの「稲庭《いなにわ》ウドン」が現われた。ひとつまみのさらし葱と芥子《からし》、針のように細く切られた焼海苔がそえられて、箸休めには格好の一品。夫・ドッコイは稲庭ウドンが好物で、毎日おひるは必ずといってよいほどわが家でこのウドンを食べる。たいていは煮こみにして、天かす入りだったり、鶏肉入りだったり、卵とじだったり、と目先を変える。

「このウドンは、さすがにわが家の丼ウドンとはちがいますな」と、夫・ドッコイは言う。「ウドンといえども、舞台と衣裳がちがうとね、いろいろと変貌いたします」と、私。

美味しいものを食べながらする口喧嘩《げんか》には毒が入らないものである。

「お好きなカウンターが空きました、と主人が言っております」と、女中さんが入って来た。酢の物と、ご飯代わりの山椒餅《さんしようもち》はカウンターで頂くことにして、ヤッコラサと、ふくれた胃袋を持ち上げるようにして階下へおりた。

ここもまた、カラッと明るくピッカピカのカウンターは、椅子がほんの七、八脚。陳舜臣さんを若くしたようなご主人の河田さんが、ニッコリと静かに見迎えてくれた。だからカウンターは楽しい。河田さんは福知山の料亭に生れて、京都・清水《きよみず》の「つる家」で修業。金沢で「つる幸」を開いてから十九年が経った、という。だから河田さんの料理の下地《したじ》には京料理が根強く残っているのだ。

「京都にはないもので、金沢独特の材料はなんですか?」

と聞くと、

「やはり、地のマグロが美味しいと思います。それから天然の牡蠣《かき》もとれますし、犀川のウグイは田楽によろしいですし、ゴリもたくさんとれますし、土地には土地のいいものがありますね」

と、楽しそうな答えがかえってきた。

カウンターにはご主人と助手さんの二人きりだけれど、奥の板場には白衣姿の十一人の板前さんが目まぐるしく働いていて、熱気と活気がたちのぼるような雰囲気だ。

仕事でも、人間でも、必ずキラッと輝いている時期がある。「つる幸」の現在は、やっぱり最初に書いたように、「日の出の勢い」という言葉がぴったりするようだ。

(同前、一九八六年) 現在閉店

金沢ニューグランドホテルの「スカイレストラン・ロア」

＊和洋、あの店この味！

五歳で映画の子役として映画界にデビューして以来、私は今日まで十四回引越しをし、九軒の家を建てた。そして、トシを取ったら、最後の家は小さな小さなサイコロのような家に住みたいものだ、とおもっていた。家が小さければ部屋の真ん中にチンマリと居座っていて、ちょっと手をのばせば必要なものがすぐ取れるし、くたびれないし、さぞ便利だろうと考えていたのだけれど、それが全くとんでもない考え違いであったらしい。人間、トシを取れば取るほど小まわりがきかなくなるから、せまい場所で生活をしようとするとあっちへ膝をぶっつけたり、こっちの壁につき当たったりしてロクなことはない。トシを取ったらとにかくパラリとしたお部屋に住むことが長生きのコツというものです。と、これはわが家に二十余年つとめてくれた老女中さんの経験から得た貴重な言葉である。

そういえば、わが夫・ドッコイもこの頃はやたらとベッドの木枠《きわく》に向うズネをぶっつけて、「アイタタッタッ!」と飛び上がったり、毎朝毎晩上り下りしている書斎の階段を踏みはずして背中にアザを作ったり、と、いろいろお忙しいご様子である。お年寄りの唯一の贅沢は、さしずめタップリとした空間ということになるのかもしれない。

十一階にあるレストラン「ロア」に入ると、大きなガラス窓越しに、金沢の風景が一気に開ける。近くは尾山神社の神門から兼六園の深い緑までが一望され、遠くにかすむなだらかな山並みが美しい。

チーフコックのオリジナルに、「謙太郎のおすすめメニュー」というコースがあって、つべこべ言わずに素直にこのコースを楽しむのもよろしい。西洋懐石よろしく、まず水引きのかかった箸が出現したとおもうと、小さな九谷焼の器に蚕豆《そらまめ》の煮たのがチョコンと三個のって、さあ、どうぞ、という按配である。上等なステーキの焼き具合もピタリときまっていてとても美味しかった。

伝統と歴史の町、加賀料理に対して、ここの西洋料理も、なかなか頑張《がんば》っておりますよ、というところだった。

(同前、一九八六年)

＊和洋、あの店この味！

格式の高さを思わせる堂々たる「海陽亭」

明治のころからの大老舗、小樽一の大料亭といわれて栄えた「海陽亭」で夕食をとる。

なだらかな石段を登り、黒光りのする玄関に上がって、長い廊下を歩いて通った部屋は、いかにも格式の高さを思わせる堂々とした床の間を持つ、二間つづきの部屋だった。

今日は、遠来の客である私たち夫婦へのご主人の好意からか、立派な絵巻の金屏風《きんびょうぶ》が飾られて、昔懐かしい蒔絵の手あぶりまで置かれ、なんだかお殿様にでもなったようでお尻のあたりが落ち着かない。

テーブルにお酒が運ばれ、伊万里《いまり》の古いぐいのみに糸のように細く切った水烏賊のつきだしが現われた。美味しい。お刺身は小樽の近海で獲れるという「ハッカク」の薄造りで、「見たことがないのですが、ハッカクってどんな魚ですか?」と聞いたら、実物を持ってきてくれた。なにやら人相(?)の悪い、ミノカサゴとトビウオとオコゼのあいのこのような魚で、なるほど胴がギコギコと角ばっていた。吸物は、これも伊万里の深皿に盛られた上品な三平汁で、わが家で作るごった汁とはちがってやんごとなき結構なお味であった。

「鰊のかまくら」は、生の鰊をタレにつけて一晩おき、一日干して焼いたもので、これも美味しく頂いた。タラバ蟹の足の塩焼き、鮭の氷頭《ひず》の酢の物、アイヌネギ、生海苔の佃煮……と、どれも小樽らしい料理ばかりで、土地のものを最高の味で、という心づかいが嬉しかった。

その上に、器がまたゆき届いていて、というよりメチャメチャに上等な貴重品で、古物好みの私は楽しくてしかたがないが、道具屋のウインドウにたった一枚だけ飾られていてもいいような古九谷の皿に鰊がコロンと座りこんでいたりするのでビックリ仰天してしまう。思わず、「いいお皿ですねえ」と呟《つぶや》いたら、ここのご主人少しもさわがず、「あ、古いですね」とたったひと言でお終《しま》いで話題は他に移った。私はそのひと言ですっかりご主人が気に入ってしまった。

「では、そろそろ」と、腰を上げた私たちを引きとめたご主人が、「二階をちょっと見てやってくださいますか」と、案内に立った。

幅、四、五メートルはあろうかとおもわれる広い階段はどっしりと立派で、太い手すりは長年の歴史をみせるかのように黒々と光り輝いて、無数の爪跡や傷でいっぱいだ。その昔はこの階段に、東京のえらいさんやら小樽の有志たちの袴《はかま》がなびき、何百人という数の芸妓《げいぎ》たちがその美しい裾をひきずり、女中さんたちの白足袋が忙しげに上り下りしたことか……まるで人々の笑い声や嬌声《きょうせい》が聞こえて来るようなおもいがする。さぞ、華やかだったことだろう。

さて、小樽まで往復して深夜のホテル・アルファに帰りついた私たちは、ちょいとホテルのバアなど覗いてみるべえか、と、セーターをブラウスに着替えてエレベーターに乗った。

静かで清潔な感じのするカウンターのとまり木に腰をかけて、ウイスキーの水割りを注文する。バニーガールのウチャチャン嬢が、黒いストッキングに包まれたスッキリとした足を見せて優しげな態度でサービスをしている。

真っ暗で、換気が悪くて、せせこましくて、腰を下ろしたとたんに美人が嬌声をあげて押しよせてくる、といったバアが大の苦手の私には、ここのしっとりとした静けさがなによりもありがたく気分が落ち着く。隣に肩を並べていた夫・ドッコイも同じ気持ちだったのか、「こんなバアなら僕たちも来られるね」と、残りを呑《の》み干して、とまり木から降りた。

翌朝目が覚めたら、カーテンの隙間《すきま》から鈍い光が差し込んでいる。「曇りかしら？雨かしら？」。ドッコイショ……とベッドからおりてカーテンを開いた私は、思わず叫んだ。

「雪だ、雪だ、雪ですぜ！」

（同前、一九八六年）現在閉店

＊和洋、あの店この味！

「最大の贅沢」に酔う

麻布のわが家にいると、ひっきりなしの電話のベルに追いかけられて、ゆっくりとバスを使うこともできない。けれど今日は部屋についている木の香も楽しい日本風呂も心ゆくまで堪能できて、私はご機嫌だった。

ここ伊豆山の温泉《おゆ》は、リュウマチ、創傷、婦人病などに効能があるとか。ベトつかず、ぬるつかずで、サラリとした気持ちのいいお湯だ。

夫・ドッコイも、手拭いをぶら下げ、頬っぺたをピンクに染めて、日本三大走り湯のひとつと言われる大浴場から戻って来た。

いつの間にか夕暮れが迫り、相模湾の色が美しい濃紺に変わっていた。

待っていました。お食事の時間である。超一流といわれる日本旅館「蓬萊」の宿泊料は決して安くはないけれど、部屋着にくつろいでノンビリと上等な料理を楽しめるなんて、実に日本国ならではの最大の贅沢である。

朱と黒の大きな市松模様の卓の上に、大判の日本紙のテーブルマットが敷かれ、箸置きと箸につづいて上等な盃が配された。テーブルマットの、流れるように美しい金色の文字は、この家の「おかみさん」なる古杉さんがその都度筆をふるわれるのだそうだけれど、あんまり上手すぎて金釘流《かなくぎりゅう》専門店の私には残念ながら読みこなす力がない。

前菜は、桜の葉に包まれた鯛のおすしで、小さな桜の花びらの形に切ったピンクのショウガが一片のっているのがしゃれている。お料理は、私のおもった通りどの皿も美味しく、どの鉢も美しかった。特に、いまのいままで活きてピンピンとしていたような小鰺《こあじ》の刺身が、氷を敷きつめた平皿に二十切れほども散っている趣向が、素直で清々としていて、夫も私も大いに満足だった。

鶏のたたきや野菜のみじん切りを、搗《つ》きたてのお餅《もち》で包んだ「蓬萊餅《ほうらいもち》」と称する煮物、シャキッと揚がった天ぷら、一粒一粒がキラキラと光ってそそり立ったご飯……。私たち夫婦は桃源境をさまよっていた。

「明朝のお食事は何時にお持ちいたしましょう」という女中さんの声に、私たちは顔を見合せた。私たちは、わが家ではコーヒーと卵ぐらいでめったに「朝ご飯」というものを食することがない。明日は朝ご飯の魅力よりは朝寝坊をするほうが、いや、まてよ、「この宿の朝ご飯なら、さぞ美味しいだろうなァ……」と、珍しく「朝ご飯を戴《いただ》いちまえ」ということになった。夫・ドッコイは、明朝に備えて消化薬をサッとばかりに口に放り込んだ。

　朝食は、他の旅館と比べて特別に変わった献立ではなかった。小鯵の干物、卵焼き、ヒジキの煮物、キンピラゴボウとホウレン草のおひたし、イカの塩辛、焼海苔、味噌汁、漬物、梅干、ご飯、番茶……。どこの家の朝食、どこの旅館でも用意される朝食だったけれど、これがなんと一味ちがう美味しさで、私はビックリ仰天した。鯵の干物はとれとれの新鮮で、焼き上がったのを熱湯で温めたお皿に盛ったものを、女中さんが飛ぶが如く運んで来たとしか思えないほどアツアツだった。小鉢に盛られたヒジキは、市販のゴミのような品物とはちがって、スンナリとのびてふくよかな、海の匂いがプンプンするようなステキなひじき。ホウレン草にかけられた汁は、上等のカツオと昆布でとっただし汁に塩とお酒、それにひとたらしの醤油を加えただけの、吸口に近い薄口である。ぐいのみのような容器に納まっている塩辛は、ここの板さんがとれとれのイカを調理したものとかで、塩味は控えめでなんとも美味しい。焼海苔も、いまあぶりたてのホヤホヤといった風情で、海の香りも爽やかで歯ざわりもホロホロと快い。味噌汁の実は、一粒ずつ磨きあげたような見事なアサリ貝で、口に入れる前に目を楽しませてくれるほど美しい。梅干もたっぷりと大きくみずみずしいのが、美しい小皿にたった一粒チンと納まっていて食欲をそそったし、香ばしくいれられた番茶の味も「ああ、朝だ」と、今日の一日を約束してくれるような確かな味だった。

（同前、一九八六年）「蓬萊」は現在「界 熱海」に

「ジャン・ムーラン」

＊和洋、あの店この味！

今夜は、気安く入れて料理が美味しく、お値段もお格好と評判の良いフランス料理「ジャン・ムーラン」に出かけてみることにした。場所は神戸異人館通りと北野坂の出合う一点にある。

予約しておいたコーナーの席に、ヤッコラサと腰を下ろす。オマール海老のサラダを前菜に、リヨン名物のクネルにビスクのソース。魚のテリーヌ。鯛と松茸の蒸し煮などをちょびっとずつ頂くことにする。夫婦揃ってオトシのせいで食が細くなった、とはいうものの、まだ、あれも食べたい、これもいいな、という食いしんぼうの意地汚さだけは衰えていないから、この「ちょびっとずつ頂ける」というのがなによりも嬉しいことなのだ。

〝似たもの夫婦〟というけれど、私たち夫婦は食べ物の好みは全くといっていいほど似ていない。まず夫・ドッコイの好物は醬油と魚で、私の好物はバターと肉である。

「魚ほどデリケートな味のものはない。魚の顔がみんなちがうように味もまた微妙に違う。肉なんてものはお前さん、焼くか煮込むか揚げちまうかで、あとはソースでゴマ化すだけじゃないか」というのが夫の弁だが、私は、あの魚の生臭さにめっぽう弱く、天ぷら屋へ行っても生臭みがなくあえかに上品なキスばっかりカッ喰らうほうである。魚の中で、美味しいな、と思うのは、鯛、キス、そして穴子とウナギ、舌平目くらいのものだから、魚好きの内には入らないだろう。

オマールのサラダが運ばれてきた。熱湯にサッとくぐらせただけのオマールの甘さと柔らかさが、前菜には大変よろしい。私はサラダを頂くときにナイフとフォークを使うことにしている。レタスは包丁で切らず、手で無造作に千切るのが常識だけれど、お料理を口に運ぶときは一応つつましくおちょぼ口だった美人が、サラダだけは大口を開いて大きな葉っぱを口の中へ押しこみ、またはムグムグと口の中へたくしこむ図、というのは、美人が突然牛にでも化けたようでいただけない。サラダオイルにまみれた唇をぐいとぬぐった真っ白いナプキンにベチャリと口紅がつくというのも見苦しい。

昭和二十五年の七か月を、私はパリで暮していたが、食堂やレストランで、気のきいた女性はナイフとフォークでサラダを切ったり小さくまとめて食べるのを見て以来、私もそのスタイルを真似している。ナイフの持ちかたも男性のような持ちかたをすると、どうしても肘《ひじ》が張っていかつく見えるので、鉛筆を持つ要領でナイフを使う。こうすると肉を切るときも意外と力が入るものである。

日本語で言えばフランス風ハンペンとでもいおうか、魚のクネルに海老のソースのかかった一品、そして明石のとれとれの鯛に松茸をあしらい、うっすらとカレーの風味のある一皿も美味しかった。

レストランの味の決め手は、「コンソメ」と「カスタードプディング」だと私は思っている。コンソメの美味しい店は料理の味もよく、カスタードが固すぎたり、装飾過多だったり、カラメルが焦げすぎて苦くなったりしているような店は、料理の作りかたもちゃんと乱暴だから面白い。「ジャン・ムーラン」の「クレームカラメル（カスタードプディング）」は、なめらかで甘すぎず、大人の味がした。

この店のシェフはまだ四十歳そこそこの働き盛り、といった小柄な男性である。いまから二十年ほど前に大学をやめて外国へ飛び出し、もともと大工のような、物を作る職人になりたかったのが食いしんぼうがこうじて、リヨンのレストランで三年間料理の修業をしてきた、という変り種である。「ジャン・ムーラン」という店の名前は、修業をしていたレストランが、「ケ・ジャンムーラン」という場所にあったので、その名を貰《もら》ったのだそうである。

（同前、一九八六年）現在閉店

まぼろしの穴子ずし

ちょいと小腹が空いたな、とおもったら、かの有名な穴子ずしの「青辰」の名が浮かんだ。なんせ午前九時前には店の前に行列が出来て、十一時には売り切れになってしまうとか、と噂《うわさ》に聞いてはいたけれど、私たちは一度も行ったことがない。このせち辛い世の中で、十一時には店じまいなんていう優雅な商いが成り立っているのかしら？

〝百聞は一見に如《し》かず〟とやら、今朝はコーヒーだけだから早目のおひるは大好物の穴子のおすしといきましょう、と、早速タクシイに飛び乗った。「元町三丁目の『青辰』へ連れていってください」と運転手さんに言ったら、「あこは有名な店でんな。みなさん行かはりますわ」という返事がかえってきた。

まことに目立たない小さな店に到着したのは十一時半。売り切れかなァ、と、おそるおそる戸を開けたら、エプロンがけの女の人が「いらっしゃいまし」と、ニッコリした。幸いにも今日はまだ余裕があるという。間口はせまいが奥行きがあって、まっすぐにカウンターが通り、五、六人の女性客がおすしのお皿を抱えこんでいた。握りずしではないから飯台の上はサッパリカンとしていて、カウンターの向うに白衣を着た銀髪の職人さんとゴマ塩頭の職人さんが行儀よく突っ立っている。棚の上には予約のお土産用か、十個ほどの折詰が並んでいた。

二階へ通されて小座敷に上がると、三分も経たない内に大きな番茶茶碗とおすしのお皿が運ばれてきた。有無をいわせぬ一人一皿の盛り切りである。お皿の上には椎茸と穴子を煮た具をたっぷりと巻きこんだ海苔巻きが四切れと、穴子と卵焼きののった大阪ずしがのっていて、ボリュームは充分、それに紅ショウガがそえられている。

私は上にのっている具がペラペラに薄くてご飯が多く、おまけにそれをギュウギュウに押し固めた箱ずしは苦手だけれど、ここのおすしはご飯もふんわり、穴子もふんわりで、海苔巻きの海苔も上等だ。具は私には少々甘いけれどそれがこのおすしの特徴なのだろう。私の持つ「すし屋」のイメージは、カウンターの前に腰をおろしてチクと一献《いっこん》かたむけながらお刺身などを頂き、目の前のすしダネを物色しながら握ってもらう、ということだから、「青辰」の盛り切り一皿にはちょっとびっくりしたけれど、このおすしを車中のお弁当にしたらさぞ楽しいだろう、とおもった。

（同前、一九八六年）「青辰」は現在閉店

＊和洋、あの店この味！

極上の味、抜群の美味

花も実もある「日本料理」とくれば、まず筆頭にあがるのが「吉兆」である。

味よく、趣向よく、食器が結構で、店の雰囲気がいい。ついでにお値段もいいけれど、まあ、これだけ条件の揃った料亭は他にないし、贅沢というものをいっぱいに満喫できるのだから、このさいオゼゼの算段などというセコイことは言いっこなし、ということにしよう。

「吉兆」は、東京の築地、帝国ホテル、京都の嵐山、大阪ロイヤルホテル、などに支店があって、それぞれに頑張っているけれど、ゆっくりと落ち着いた気分で〝吉兆〟を味わうのには、やはり、大阪は高麗橋《こうらいばし》の本店「吉兆」の、風格のある日本座敷に座りたい、と、私はおもっている。

湯木貞一さん。つまり、「吉兆」のご主人とはそれほど親しい間柄ではないけれど、私は、以前から「暮しの手帖」の目玉連載である「吉兆味ばなし」の愛読者だし、その他の対談などから感じる「料理ひとすじで脇目《わきめ》もふらぬ」といった謙虚で、そのくせ骨っぽいところもあるお人柄には好感を持っている。

「日本料理はもちろん、材料と腕の冴えですが、やはり、いい材料を探す心とファイトがかんじんですねえ」

「料理は食べごろと言いますが、その中でも刺身は切ったらすぐに召し上がってほしい。五分おいたらもうダメです。板前が悲しみます」

「日本料理は盛りつけに各種の器を使いますね。ですから食器を見る神経がいります」

これらの言葉は、どれも料亭の板前さんだけのものではなく、家庭の台所をあずかる主婦にも通じることだろう。

湯木さんの選ぶ食器のセンスの良さと優れた趣向は有名だ。その中の傑作は、お弁当の代名詞のようになっている「松花堂《しょうかどう》」である。「松花堂」はもともと人の名前で、松花堂昭乗《しょうじょう》という人が風流、風雅を楽しむために小さな庵《いおり》を結び、その中に薬箱や、煙草盆、種箱に使ったり食べ物を入れたりしていた四角い箱があったのに湯木さんが目をつけて、これに点心を盛り込んで「松花堂」と名づけて売りだしたのだそうである。

私たちは、器を楽しみ、味を楽しみ、二時間たっぷりかけて〝吉兆〟を満喫した。

かやくご飯と味噌汁、細かく刻んだお漬物の食事が終わったとき、廊下にトトトッと足音がして、「ごめんくださいまし」と、襖《ふすま》が開いた。グレイの背広姿の大柄な男性が、小腰をかがめるようにして、そのままスイッと膝を揃えて手をついた。湯木さんだった。

「たったの今、東京から戻りまして、家の表からこのお部屋まで駆け出して参りましたものですから……」

と、大きく息をはずませている。

静まりかえっていた座敷が、急に賑やかに楽しくなった。

（同前、一九八六年）

*和洋、あの店この味！

「白鷹」夫婦仲よく半分コ

広島の繁華街、流川《ながれかわ》近くの板場料理の「白鷹」は、ウチの亭主のひいきの店である。十五席ほどのカウンターはいつも満員で、予約以外の客で「食うといったら食うんダ」という情熱家はお隣のバアに入りこんで席の空くのを待っている、というほど人気がある。この店の魅力は、当り前のことだがまず料理が美味しいこと、プラス、エプロン姿も甲斐甲斐《かいがい》しいおかみさんの、サッパリとした客あしらいと板さんの人柄の良さである。

カウンター前の壁に、今日の魚や料理の名を書いた黒い木札がズラリと掛けられていて、腰を下ろすと同時にお客のランランと光った目玉がその木札の上を忙しくさまようサマがほほえましい。ぐずぐずしていると、どんどん材料が売り切れてしまうから、板さんも忙しいけれどお客も忙しいのである。この店の常連のほとんどが、いずれ会社のエライさん風の男性ばかりだが、

「おまかせだ、うまいモンどんどん食わせてよ」

「え？　蟹《かに》売り切れちゃったって？　がっかりだなァ」

「僕、おしまいはおにぎり二個、中身は梅干とカツオブシね」

などと、メガネやデブやハゲが会社でも家庭でも出さないような声を出して、おかみさんに甘えているのがなんともほほえましい。

お魚には目のない松山サンにとって、通い馴れた「白鷹」は、どこよりも気のおけない台所らしい。「なんでもひとつずつ作ってもらってサ、半分コしようよ」と言いながら、熱カンの盃をクイ……とかたむけて楽しそうである。

まず最初に、板さんおすすめの鯛と小鰺《こあじ》のお刺身の鉢が出た。鯛の一番美味しいおなかのところがパリッとしてキラッと光っていて、二人の箸が同時にのびた。次は、小豆島からわざわざ運んできた私が釣り上げたメバルの塩焼きで、魚も焼きかたひとつでこうも美味しくなるものか、と感心しながら表と裏を半分コした。つづいて鯛の白子と野菜の煮物、次は私の好物のカレイのから揚げ、本日の目玉商品（？）は、「穴子蒸し」で、裏ごしをした穴子を団子にまとめ、上に百合根《ゆりね》がのせられてアンでとじてある。めっぽう美味しい。こればかりは二人前にすりゃよかった、と後悔した。

この店のオリジナルは「ウニホウレン草」という、生ウニとホウレン草をたっぷりのバターでサッと炒《いた》めた一品と、「ウニめし」だが、いつもはお料理だけでおなかがくちくなるのでご飯まではいかないけれど、今日は断然、「ウニめし」を食べるぞォ、と心に決めてあるから、ちゃんとその分おなかを空けてある。「ウニめし」は、丼にアツアツのご飯を盛り、上等の生ウニをたっぷりとのせた上に、卵の黄身をぽんと割り入れる。薬味は細切りの焼海苔とすりたてのワサビで、この上にほんのチョビッと醬油を垂らす。この丼を適当に箸でひっかきまわしてウニと卵が生煮えになったところをフウフウ言いながらカッ喰らうのだが、なんともいえない美味しさだ。

私は欲張りだから、料理店へ行くとなにかしら自分でも作れそうな一品を頭の中に仕入れてくるのだが、この「ウニめし」なら上等の生ウニが手に入りさえすれば、わが家でも真似ができそうだ、とニンマリした。

（同前、一九八六年）

ルイ王朝風仏蘭西料理店で高峰秀子さんと念願のデート

塩田丸男対談

1

一度でも食事を共にすると、ぐっと親しくなるものだ。だから、仲よくなりたいと思う相手とは食事を一緒にする機会をぜひつくるべきだ。

あの人とぜひ一緒に食事をしたいなァ、そう思っている人が誰にだって何人かあるはず。私の場合は高峰秀子さんがその一人で、この連載企画〔食通の輪〕がはじまった時から、高峰さんをぜひゲストにお迎えするよう何度もお願いしていた。

その念願がやっと叶《かな》った。

大女優としての高峰さんはもちろん尊敬していますが、それよりも私は、近年、高峰さんがいろいろお書きになっている数々のエッセイの、きわめて熱心な愛読者なのです。

最新作ではご夫君の松山善三氏との共著『旅は道づれ　雪月花』（文化出版局刊）。実に楽しい、そして、おいしい本だ。

ご夫婦での日本全国食べ歩きエッセイなのだけれど、選んでいらっしゃる店、おっしゃっていること、一々、そうだ、そうだ、と合点することばかりだった。

高峰さんとは実をいうと初対面ではない。もう五、六年前になるが、あるテレビ局で、美人コンテストをやった。その審査員席でご一緒した。しかし、そういう席ではゆっくり話しこむわけにはいかない。袖すりあっただけのご縁に止まった。爾来《じらい》、一度、一緒に食事できる機会を、と虎視眈々《たんたん》とねらっていたのであります。

高峰さんが選んで下さったのは赤坂プリンスホテル旧館の仏蘭西料理「ル・トリアノン」。

有名なレストランだから名前はもちろん知っているが、まだ行ったことはない。

店のパンフレットにも、

●ご利用の際は、あらかじめご予約ください。

●上着をご着用ください。

ときちっと断わり書きがしてある。行儀のいい店だ。今時、フランス料理と書かずに、仏蘭西料理とするところも私の趣味に合っている。

トリアノンは、ヴェルサイユ宮殿の庭園の中に建てられている離宮である。グランとプティと二つあり、プティのほうはルイ十六世の時に、マリー・アントワネットが住んでいたので有名だ。

いまの迎賓館——以前は赤坂離宮の呼び名で親しまれていたが——がヴェルサイユ宮殿を模して造られたものであることは周知のことだが、その日本版ヴェルサイユ宮殿からほど遠からぬところにあるから、というので、「ル・トリアノン」を名のったのだろうか。

うれしいものだからいそいそと出かけたら、高峰さんと約束の時間より四十分も早く店に着いてしまった。

戦前は李王家の邸だった赤坂プリンスホテルの旧館は、ヒマラヤ杉の濃い葉影におおわれるように、ひそやかに、しかし毅然《きぜん》としたたたずまいを見せている。「ル・トリアノン」の店内は村野藤吾氏（故人・文化勲章受章者）の設計で、ロココ調のしつらえ。どれがどうと専門的な説明をする知識は持ち合わせていないが、とにかく壁も床も天井も、窓もテーブルも、みんなルイ王朝風なのである。

ここで高峰秀子さんとワインを酌みかわせるかと思うと、心もはやり立つのです。気を鎮めるために、ドライ・シェリーを頼んだが、逆効果だった。かえって全身が熱くなった。高峰さんもちょっと早めにおいでになったが、その時、私は多分、赤い顔をしていたと思う。高峰さんは変にお思いになったかもしれない。

型通り、シェフとメニューをご紹介します。

シェフの堀田貞幸さんはスイス、フランスの各地で修業を積み、最後はパリの「ラ・セール」「マキシム・ド・パリ」で腕を磨いた人。フォン・ド・ヴォーを主体にした本格的な料理を心がけているとのことだ。フランス料理の神髄はソースにある、という基本をくずさない、ということだろう。

メニューはマネージャーの話ではあらかじめ高峰さんと相談してきめた、とのことで、別掲の通り。

MENU

Émincé de Daurade "KARATSU"
marinée à la Moutarde
〝唐津産〟真鯛のマリネ
マスタード風味

Escalope de Foie Gras sautée
au Poivre Vert avec Navets
フレッシュフォアグラのソテー
グリーンペッパーソース

Consommé "MATSUTAKE"
まつたけのコンソメスープ

Loup-de-Mer farcie aux Poireaux
すずきのポロ葱包み
クリームトマトソース

Sorbet
シャーベット

Chateaubriand grillée Sauce Perigourdine
シャトーブリアンの網焼き
ペリグーソース

Les Fromages
フランス産チーズ

Dessert de Trianon ou Fruits de Saison
トリアノン特製デザート
又は季節のフルーツ

Mignardises et Café
プティフールとコーヒー

今回はきちんとフランス語の〝本文〟もつけておいたからお読みになれる方はどうぞ。

高峰さんは、席について、メニューを一瞥《いちべつ》するなり、

「シャーベットは要らない。それから、シャトーブリアンは重すぎるから羊にして」と注文をつけた。

高峰さんの気が急に変ったのか、マネージャーの話がどこかで間違ったのか。

そんなわけで、実際に私たちが胃袋に納めたのは、別掲のメニューのうち、シャトーブリアンの網焼きが仔羊《ラム》のローストにふりかわったものであったことをお断わりしておく。

ワインは、白が、

プイイー＝フュイッセ。

辻静雄さんの『ワインの本』によると、「ボトルに詰めてから二十年経っても、衰えることがない、フランスの高級白ワインの一つ」だそうだ。

赤は「サン＝ジュリアンのなにかを」と頼んだら、

シャトー・ベーシュヴェル

の75年をすすめられた。

ベーシュヴェルというのは「ベッセ・レ・ヴォワル」（帆を下げよ）という言葉の

なまったものだ。ジロンド河を上下する船が、このシャトーに敬意を表して、ここを通る時、帆を下したことからこのように名づけられたものなのだそうだ。これも辻さんの受け売りです。

受け売りばかり書いたあとで、つづき具合が悪いけれど、グルメ情報氾濫時代の今日、警戒しなければならないのは、安易な受け売りだろう。

自分の眼で見、自分の耳で聞き、自分の舌で味わう。これが大切なことだとは誰でも言うが、実際にそれができる人は必ずしも多くない。事大主義、というほど大袈裟なことではないにしても、世間一般で高い評価をされているものに対して、反対を唱えることはそう容易なことではない。

多くの人々のあとにくっついて行列をつくるのが、いちばん気楽な世渡りの術だろう。グルメ・ブームで、それこそ数え切れない情報が氾濫しているが、量だけは多くても、ほんとうに自分の舌で鑑別しているかどうかとなると、はなはだ疑問だ。

テレビの料理番組で、

「これは今ひとつですな」

と首をかしげる場面に出くわしたことがない。あれだけのおびただしい料理が〝濫造〟されているのだから、当然、〝粗製〟のものもあるはずなのに、誰もそれを言わない。だから、テレビのグルメ情報を人々はだんだん信用しなくなるのである。

わが高峰秀子さんは違った。

すずきのポロ葱包みの皿が出てきた時、

「出ましたね、問題のトリュフが……」

そう言ってニヤリと笑った。

トリュフといえばキャビア、フォアグラとともに世界三大珍味として知られている。ブリア゠サヴァランが「料理のダイヤモンド」と讃えたとか、ジョルジュ・サンドがこれに目がなかったとか、そんな話は山ほどある。

フランス料理を食べてトリュフをけなすのは、慶応大学に学んで福沢諭吉をけなすぐらいやりにくいことだろう。

だが、高峰さんは、「ル・トリアノン」のテーブルにむかいつつ、いささかも臆《おく》することなく、以下のごときトリュフ談義をなさったのです。

「私、分らないんですよ、トリュフってものが。あれ、ほんとにおいしいんですか。そんなにいいものですか。フォアグラにちびちびって入っているのなんか、においだってしないし、どこがいいんですか。ほんもの、というか、大きいのはまだ食べたことがないんだけれど、どんなにおいがするんですか。松茸みたいなんですか、もっと濃厚なんですか。ある有名なホテルのレストランでトリュフをたっぷり出すところがあるんです。その話をピアニストの中村紘子さんにしたら、彼女、さっそく行ったのね。そして、なんと言ったと思います。どこがおいしいの、あんなネズミのフンみたいなの、ですって」

これはなかなか言えないことですよ。げんの証拠にこの私です。

高峰さんの尻馬に乗るわけではないけれど、私もかねがね、トリュフなんてどこがうまいのだろうと、大いに首をひねっていた。にもかかわらず、恥ずかしいことに、高峰さんほどの度胸も見識もないので、トリュフがなんだ！　とは口に出して言えなかった。

自分の目を信じる。

自分の意見をはっきり言う。

これが人生を充足的に生きていくための基本だろう。当りまえのことだが、今日の高峰秀子さんとの対談で、あらためて心に刻むことができたのです。

2

今回は、料理のことより、「高峰秀子語録」を書きとどめたい。

「女でも男でも、食いものなんてどうでもいいという人はダメね。仕事は好きだけど食べるものはどうでもいい、そんなことに神経遣うヒマがあったら仕事をしている、なんて言う人、私、信用しません。おにぎりまで、デパートで、できあいのを買ってきて食べさせられて、そんな人生で満足できますか」

ほんとうにいるんですよね。錠剤みたいなのを三粒か四粒飲めば、一日分の栄養分が十分に満たされる、そんなのができたらどんなに仕事の能率が上がるだろうか、なんてバカなことを言う奴が。そういう連中とは私もつきあいたくない。

「子供を甘やかしすぎますね。子供が、なぜ私がこれを食べちゃいけないの、なんて生意気なことを言ったら、あなたは子供だから、とピシャリと言えばいい、それだけでいいんです」

そう言いながら、一方では、高峰さんは、子供だと思ってバカにしちゃいけませんよ、子供は大人が思っている以上に、大人のことをちゃんと見抜いているものですよ、とも言う。こういうのをあたたかくてきびしい目、というのだろう。

「みんながおいしいものを食べられるようになったのはいいことだと思うけれど、食べものに対して、勿体ない、という気持だけは失いたくないですね」

松茸のコンソメスープが出てきた時、高峰さんの口からほとんど反射的に、

「あ、一本千八百円の松茸が出てきたわ。勿体ない」

という言葉が飛び出したので、私はほんとうにびっくりした。子供のころから大スターとして、栄耀《えいよう》エイガの人生を歩みつづけてきたこの大女優が、どうしてこのようなフツーの主婦感覚を身につけているのだろうか。

「おいしいものをほんとうに味わうには、やっぱり〝量〟も必要ですね。うな丼とか天丼とかだって、半分食べてもおいしくないでしょう。丼物食べるのに、ご飯茶碗でいいわ、なんて言うようになったらもうおしまい」

同感です。ですけれども、私も寄る年波で、めっきり〝量〟が減った。朝飯だって、以前はちゃんと三杯食ってたのが、今は二杯。これが一杯になったら、こういう連載は辞退させていただかなくては。

「活けづくりもいいけれど、無神経なのはきらい」

これこそ大同感の名言です。

なにごともそうだが、ブームになると、調子に乗り過ぎて、オーバー・ランする奴が出てくる。グルメ・ブームも例外ではない。「究極のナントカ」という妙な言葉がはやっている。

究極のラーメンだの、究極のたこ焼きだのと称して訳の分らん料理をでっちあげる輩《やから》がいる。慨嘆にたえない。

それよりもっと、私が腹を立てているのは、活けづくりの氾濫である。

魚は鮮度がいのちであって、活魚料理が珍重されるのは、これはもう当然すぎることではあるが、しかし、物には程というものがある。

程をわきまえない人間ぐらいはた迷惑なものはない。

魚だって、生きてりゃいいというものではないのだ。

そのことについて、高峰さんが私同様、しんそこ憤慨していらっしゃることを知って、うれしかった。

以下、高峰さんから聞いた恐怖の活けづくり体験談。

「お皿の中で、動いてないのはサツマアゲだけでした」

思い出しただけでも怖気《おぞけ》が立つ、といった表情で高峰さんは言う。

アジが一皿に五匹、枕を並べて出てくるんだが、これが討死にしていない。バタバタと動いている。その動いているのを食べるのがうまいのだと、店の人はせっかちに勧めるのだが、箸が出るわけがない。

エビはピンピンはねている、というと聞えはいいが、見たところは七転八倒、断末魔の苦しみ以外のなにものでもない。

タイも目玉をむいたまま、ピクピク動いている。これも気持悪い。

エビのピンピンはまあ見馴れているからショックは少ないが、閉口したのはイカだ。脚を下に敷くようにしてイカのさしみが盛りつけられてあるのだが、その脚が全部うねうねとうごめきまわっているのである。上に盛られてあるさしみも当然、じっとはしていない。

といったあんばいで、出てくる皿という皿が、みんなうごめく魚たちなのだ。

「ご招待だから仕方なく、箸はつけたけれど、二度とご免だわ、ああいうの」

という高峰さんの言葉には実感がこもっていた。

もう紙数が尽きた。残念。この二倍も三倍も書きたいことがある。水野正夫さんから贈られた軽井沢の桃の話。これを食うと風邪をひかないと言って中国の名優たちがムシャムシャ食った赤カブの話。ドイツのごぼうの話。ハワイの魚の話。そのほか、食べもののこと以外でも、いいお話をいっぱい聞いた。

高峰秀子さんという人を、お書きになったものから私はいろいろと想像をしていたのだが、想像していた以上に、率直、明快、まっしぐらな人だった。食べもののこともそうだが、それ以上に、人生をおいしく味わっている人であることが羨ましかった。

〝食通の輪〟も今回で十二個つながったことになる。が、今回が私にとっては、いちばんうれしく、ありがたい対談だった。

（『小説宝石』一九八六年十二月号）

編者あとがき

高峰秀子の食エッセイに感じるもの

斎藤明美

①生きることへの意欲

本書の〝姉貴分〟とも言える『ウー、うまい！』のあとがきにも書いたが、食べることは生きることである。と、少なくとも高峰の食エッセイを読んでいると感じる。彼女自身も書いているように、料理のメニューを選ぶ時「何でもいいです」と言う人や、仕事には熱心だが食には無関心という人は信用できないと。

それほど彼女は〝食べること〟を重要だと考えた。そしてその食に対する姿勢は、どんな境涯にあろうと、どれほど辛い毎日を送ろうと、生きることを諦めず、己を失わず、人生を投げなかった彼女の生き方に相似している。だから、食に対して無頓着な人は生きることをなおざりにしているように思えて、高峰は信用できないのではないか。

②野生

それは、高峰が野生動物に似ているからだと思う。野生動物は、脚を折れば移動することが適わなくなり、天敵に食われるか、その場で飢え死ぬ。重い病気にかかっても、死ぬ。添木を当てることも薬を飲むこともできない。人間や家禽類とは違うのだ。自力で生きられるだけ生きたら、死ぬ。自然の摂理に従うのである。高峰が、八十六年の生涯で病院へ行ったのが三度だけだから、ではない。行かなくてもよいように、まず病気にかからなかった。三十九度の熱を出しても自然治癒させた。マッサージ師にペシッと細い肋骨を折られても、あろうことか自然に治癒させた。野生動物は自己管理が全てだ。それでも手に負えぬケガや病気をしたら、死ぬだけ。高峰はそう考えていたように思える。

そしてその重要な自己管理に最も必要だったのが〝食べること〟だった。

未熟児で生まれ「この子は長くは生きられませんよ」と取り上げた医師に言われた夫・松山善三は、子供の頃からひ弱で、その痩せた体躯と青い顔から同級生たちに「キユウリ」と呼ばれた。結婚後も、高峰が「病気のデパート」と仇名するほど病気をした。新婚半年で腎臓結核に罹って半年入院にはじまり、ものもらいは目玉の裏側にでき、初めての渡米でハンバーガーを思い切り食べようとして大口を開けたらアゴを外して急遽帰国、冬には必ず風邪を引き……。その松山が、九十二歳という長命を得たのは、ひとえに高峰の手料理ゆえであったと、私は確信している。

しょっちゅう通院して薬を離さなかった松山とは対照的に、高峰は少々の故障は全て自力で治した。

生きるために生きる。そして何より、無心だった。まさに野生を体現した人だったのである。

③幸せ

高峰のどの随筆より、どんなテーマのエッセイより、食についてのそれに、私は書き手の幸福感を感じる。

それは、松山がいたからだ。

もちろん随筆そのものを書き始めたのが結婚後で、独身時代の著作は『巴里ひとりある記』だけということもあるが、松山と結婚する前の高峰は、日々が闘いだった。いくら食を大事にしようと思っても、仕事に追われて落ち着いて味わう時間もない。誰かと食事をすると言っても、その誰に一体彼女は心を許せたか？「美味しいね」と笑顔を交わす、誰がいたのか？

それが自分一人の描写であれ、一般論であれ、高峰の食エッセイの後ろには、必ず松山の存在がある。

松山善三という名の〝安心感〟が、高峰の食に幸福感を与えたのだと、私は思う。

「え？　何？　今何て言ったの？」

八十歳の高峰が食卓で松山に訊き返した。

五歳の時に高熱を出して、高峰の左耳の鼓膜は破れていた。後年、医師は「右耳が普通以上に聞こえるから大丈夫ですよ」と言ったらしいが、さすがに八十にもなるとその右耳も遠くなったのか……。

いや、そうではない。

「美味しいよ。美味しいって言ったんだよ」

自分の手料理を食べて松山が小さく言った「美味しいよ」を、高峰はもう一度言わせたかったのだ、もっと大きな声で。

「そ」

答えた高峰の何と満足げな笑顔だったことか。

食べること、作った料理を誰かに食べさせること、おそらく女優業にまさるとも劣らず高峰が気持ちを入れていた作業である。

「あの人、松山と喋ってばかりいて、私の料理ほとんど食べなかったのよッ」

松山の友人で映画監督だった某人物がハワイの家に訪ねてきた時のことを、高峰は憤慨しながら私に語ったことがある。

自分に限らず、誰かがその人のために作ってくれた料理を、食べない。作り手にとって、そして高峰にとって、メニューを見ながら「何でもいい」と言う人以上に許しがたいことだろう。

食べることへの敬意がない人を、彼女は信用できなかったのだと思う。

とにかく美味しかった、ものすごく美味しかった。高峰が作ってくれた夕飯は、夢のように美味しかった。だから私はいつも、惣菜一切れも、汁一滴残さず、夢中で平らげた。

「美味しいか？」

私の顔を覗き込むように訊いた高峰の、あの美しい笑顔が、今も忘れられない。

令和五年七月猛暑

生誕100年を迎える母に捧ぐ

◉出典一覧———

「私の手料理　リンゴ汁のカレー」（『平凡』1951.6）
「オサンドンと口述筆記のアパート住まい」「チャイニーズ・カリチュア・プラザのお粥屋」「ハワイアンの食器は木の葉の皿、ココナッツの椀」（『旅は道づれアロハ・ハワイ』中公文庫、1993.6）
「ハワイのおせち料理」「卵・三題」（『コットンが好き』文春文庫、2003.1）
「出口入口」「眼から芽が出た」「自力回復—台湾薬膳旅行」「白日夢—北京宮廷料理」（『おいしい人間』文春文庫、2004.7）
「深夜の酒盛り」（『茶道の研究』1981.5）
「もうすぐ春です」（『にんげん住所録』文春文庫、2005.7）
「すばらしい味覚との出会いも大きな楽しみのひとつ」「長崎のうまいもの」「そこに「河豚」があるからこその福岡の旅」「生れてはじめての、白魚の躍り食い」「谷崎先生と「スコット」」「上海料理の「大観苑」」「「乃り泉」に寄らなければ京都へ来た気がしない」「二十年通いつめた店「志る幸」」「ソバ業百年を越える老舗「砂場」の天ぷらソバ」「一流中の一流、すしの「きよ田」」「銀座界隈のうまい店すてきな店」「「すだれ麩」に和菓子」「日の出の勢いの「つる幸」」「金沢ニューグランドホテルの「スカイレストラン・ロア」」「格式の高さを思わせる堂々たる「海陽亭」」「「最大の贅沢」に酔う」「「ジャン・ムーラン」」「まぼろしの穴子ずし」「極上の味、抜群の美味」「「白鷹」夫婦仲よく半分コ」（『旅は道づれ雪月花』中公文庫、2016.11）
「獅子喰い」（『私の梅原龍三郎』文春文庫、1997.10）
「「うまい店」に入る前に……」（松山善三・高峰秀子『香港台北いい店うまい店』文春レジャー、1969）
「プリ・フムリの〝最後の晩餐〟」「移動スーパー・マーケットの中身」「チャパティが焼けるまで」（『旅は道づれガンダーラ』中公文庫、1992.10）
「目玉焼きが出来る砂漠にさそうは何の魂胆」「夕食を摂るのはお腹の空いた人、御馳走は断食あけ」「炭焼きの大魚にレストランのテーブルを一廻りした日本国醤油」（『旅は道づれツタンカーメン』中公文庫、1994.1）
「ルイ王朝風仏蘭西料理店で高峰秀子さんと念願のデート」（塩田丸男『美女・美食ばなし』集英社文庫、1988.11）

私《わたし》、ホント食《く》いしん坊《ぼう》なんです

二〇二三年　九　月一〇日　初版印刷
二〇二三年　九　月二〇日　初版発行

著　者　高峰秀子《たかみねひでこ》
発行者　小野寺優
発行所　株式会社河出書房新社
〒一五一-〇〇五一
東京都渋谷区千駄ヶ谷二-三二-二
電話〇三-三四〇四-八六一一（編集）
〇三-三四〇四-一二〇一（営業）
https://www.kawade.co.jp/

ロゴ・表紙デザイン　粟津潔
本文フォーマット　佐々木暁
本文組版　株式会社ステラ
印刷・製本　凸版印刷株式会社

Printed in Japan ISBN978-4-309-41988-6

まいまいつぶろ

高峰秀子　41361-7

松竹蒲田に子役で入社、オカッパ頭で男役もこなした将来の名優は、何を思い役者人生を送ったか。生涯の傑作「浮雲」に到る、心の内を綴る半生記。

巴里ひとりある記

高峰秀子　41376-1

1951年、27歳、高峰秀子は突然パリに旅立った。女優から解放され、パリでひとり暮らし、自己を見つめる、エッセイスト誕生を告げる第一作の初文庫化。

にんげん蚤の市

高峰秀子　41592-5

エーゲ海十日間船の旅に同乗した女性は、ブロンズの青年像をもう一度みたい、それだけで大枚をはたいて参加された。惚れたが悪いか――自分だけの、大切なものへの愛に貫かれた人間観察エッセイ。

ウー、うまい！

高峰秀子　41950-3

大食いしん坊でもあった大女優・エッセイスト高峰秀子の、国内外の食べ歩きや、うまいもの全般に関する食道楽の記録・随筆オリジナルアンソロジー。ササッとかんたんから、珍しい蛇料理、鳩料理まで。

東京の空の下オムレツのにおいは流れる

石井好子　41099-9

ベストセラーとなった『巴里の空の下オムレツのにおいは流れる』の姉妹篇。大切な家族や友人との食卓、旅などについて、ユーモラスに、洒落っ気たっぷりに描く。

季節のうた

佐藤雅子　41291-7

「アカシアの花のおもてなし」「ぶどうのトルテ」「わが家の年こし」……家族への愛情に溢れた料理と心づくしの家事万端で、昭和の女性たちの憧れだった著者が四季折々を描いた食のエッセイ。